# 图书出版企业高质量发展：来自经济学的分析与探索

史　岩◎著

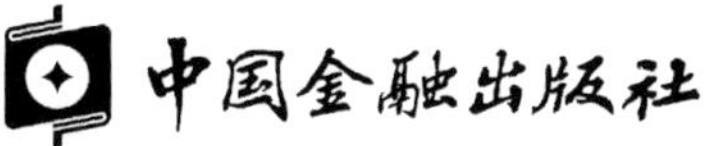

责任编辑：白子彤
责任校对：李俊英
责任印制：陈晓川

**图书在版编目（CIP）数据**

图书出版企业高质量发展：来自经济学的分析与探索/ 史岩著. -- 北京：中国金融出版社，2025. 6. -- ISBN 978-7-5220-2754-8

Ⅰ. G239. 22

中国国家版本馆 CIP 数据核字第 2025S04V69 号

图书出版企业高质量发展：来自经济学的分析与探索
TUSHU CHUBAN QIYE GAOZHILIANG FAZHAN：LAIZI JINGJIXUE DE FENXI YU TANSUO

出版发行 中国金融出版社
社址 北京市丰台区益泽路 2 号
市场开发部 (010)66024766，63805472，63439533（传真）
网上书店 www.cfph.cn
(010)66024766，63372837（传真）
读者服务部 (010)66070833，62568380
邮编 100071
经销 新华书店
印刷 北京九州迅驰传媒文化有限公司
尺寸 148 毫米×210 毫米
印张 9
字数 170 千
版次 2025 年 6 月第 1 版
印次 2025 年 6 月第 1 次印刷
定价 76.80 元
ISBN 978-7-5220-2754-8

# 序一　创新、竞争与垄断在图书版权市场：来自一位学者的编辑实践

伴随互联网、大数据、云计算、人工智能技术的迅猛发展，关于互联网、人工智能、平台经济的文献大量充斥蔓延，学术研讨会亦是热火朝天举办。互联网经济、平台经济和人工智能对产业的影响已成为学界研究的热点之热点。就产业发展而言，有成长就有创新，有创新就有竞争，有竞争就有垄断，任何产业概莫能外。

作为当今全球经济中最强大力量之一的互联网，已成为“通用技术的推动者”，极大推动着生产力的发展，重塑着世界经济，“互联网改变一切”早已成为人们的生活常识。随着互联网创新步伐的加快，互联网行业竞争日趋激烈，并呈现出动态竞争、注意力竞争和平台竞争三个迥异于传统行业的竞争特点。相应地，在分析互联网行业高质量发展时，应关注垄断与竞争、静态效率与动态效率、创新激励与反垄断三种关系。

本书认为，随着互联网技术在出版行业的快速渗透，图书这种传统版权产品正日益向互联网多媒介融合知识产品演进，从而具有了网络产品的高沉没成本、零边际成本和网络效应性质。传统出版企业正在进行互联网企业数字化转型，从而具有了互联网读者与作者双边平台经济属性，可以说，本书是对“互联网+图书出版”版权运营模式的精确勾勒。对于图书出版业的市场竞争，本书以图书的“思想产品”属性为立足点，进行思想市场竞争行为的经济分析，认为思想市场的竞争，是对版权的竞争，是创新能力的竞争，是发表时间的竞争，新发表的版权产品会使旧发表的版权产品的价值归零。版权制度激励的不仅仅是创新，更是颠覆旧版权产品价值的累进式创新。由于思想产品的网络效应，思想市场的竞争残酷性被无限放大。其后，本书在进行理论分析的基础上，结合作者的编辑实践经验，分析了图书出版高质量发展的路径。

作品的真正价值不在于授予版权，而在于促进累进创新。产业组织理论一般被用于分析实体产业，本书却将其应用于分析思想市场竞争，并结合互联网产业的竞争特点，在最后展望了人工智能技术对出版业态的颠覆——数字出版平台经过激烈竞争与演化，最终形成统一的人工智能出版大平台这一自然垄断数字基础设施。

这一富有技术乌托邦色彩的猜想，彰显着作者当年的学术激情，它并没有随着多年的编辑实践工作而磨灭，而是以一线工作实践为助力，化茧成蝶，值得祝贺。

**2024 年 11 月 20 日**

# 序二　技术革命与产业发展：来自一名学者型编辑的思考

ChatGPT 的横空出世，宣告人类进入历史新纪元。回顾人类文明发展演进的历史，已发生四次工业革命，每一次革命都是新技术在推动。在第一次工业革命中，蒸汽机的发明带来了机械化，开启了工业生产时代。第二次工业革命中的电力应用催生了大规模生产方式，推动电气革命。第三次工业革命则是以信息通信技术为标志促进生产自动化，使生产力得到进一步提高。当前的第四次工业革命是以物联网、大数据、云计算及人工智能等为代表的新技术，驱动生产方式变革。历史证明，每一次科学技术进步必将催生新产业，引导经济体系发生深刻变革。人工智能技术的日趋成熟与应用普及，将使世界发生前所未有之大变革。面对即将到来的整个生产生活方式大变革，从个人职业选择，到企业壮大成长，再到行业高质量发展和国家治理现代化，各行各业，方方面面，归结为一个问句——我们究竟该如何应对新技术的挑战？本书是一名经济学者，同时也是一名资深编辑的有益探索。

本书作者史岩博士是我指导的首位研究生。在校期间，她对经济学兴趣浓厚，谦虚求教，学习刻苦，勤奋钻研，不时会有深刻的见解。对一个硕士研究生来说，这种探索精神实属难能可贵。毕业后出于学术兴趣，她选择继续深造，赴中国人民大学攻读博士研究生，师从著名经济学家吴汉洪教授，学术水平大幅提升。看到本书出版，作为她的导师，我非常欣慰，也感到由衷自豪。作者通过多年的图书编辑工作实践，尽力发挥了自己的经济学术专长，针对自己所处的图书出版业界，不断学习思考总结，使此书终于得以面世。

本书以“高质量发展”为导向，以“满足读者需求”为目标，以“版权”为根本，以“创新”为基础，以“质量”为重心，立足图书的“思想产品”实质，从分析思想市场创新竞争入手，综合运用政治经济学、产业组织理论、动态企业理论、法律经济学等分析方法展开分析。作者分别从出版企业的战略决策层面的董事会创新、执行操作层面的质量管理、时间维度的动态数字化转型、空间维度的对外版权交流合作四个方面论述了当前图书出版业高质量发展的实现路径。在本书的最后一部分，作者在对人工智能技术引发出版行业变革进行预测展望后，提出图书出版企业高质量发展的关键在于学者型编辑人才的培养，提出学者型编辑是编辑人才的转型目标与方向，即兼具某一领域学术专长与企业家精神的版权产品生产的组织者。

作品的终极价值在于其社会意义。在这个信息泛滥的时代，数码产品目不暇接、版权形态日新月异，人人都沉浸在数字构造的虚拟苍穹中。图书作为最悠久、最具系统性、最富深刻性的版权产品，永远是一切爱智求知的人的生命养料，无论身处虚拟还是现实。做一个互联网时代的安静的“读书人”，做一个人工智能时代的日常的“创作人”，每个人都有自己的方式。祝贺史岩博士的佳作问世。

周清杰

**2024 年 11 月 21 日**

# 目　录

# 第1章　引　言

## 1.1　研究背景及意义

2022年11月30日，ChatGPT横空出世。人们普遍惊叹其强大的功能，自从公开推出之后短短两个月，其用户数便从5000万飙升到超过1亿。微软创始人比尔·盖茨直言，这项聊天机器人程序的历史意义可与互联网比肩。ChatGPT是美国人工智能实验室OpenAI推出的一款由人工智能技术驱动的自然语言处理工具，使用Generative Pre - training Transformer（GPT）神经网络架构。这个GPT - 3.5架构是一种用于处理序列数据的模型，由于训练“投喂”它的语料库数量惊人，其不仅可以准确理解提问者用各种语言提出的问题，还可以与提问者进行顺畅的交流，聊天过程接近真人互动。ChatGPT不仅能聊天，还拥有文本生成能力，能写邮件、写脚本、写文案、写代码，以及各种语言的翻译工作（王俊秀，2023）。昔日的科学幻想成为现实，在人们普遍沉浸在对 ChatGPT 的惊奇感叹中无法自拔时，ChatGPT 宣告着第四次工业革命的来临，人类发展进入新纪元。

自 2008 年国际金融危机以来，全球化进程持续放缓。近年来，在贸易自由化、技术进步和新冠疫情的共同作用下，全球化逆流不断涌现，全球化未来发展路径充满着不确定性，但全球化大趋势并未发生根本改变（郑志强等，2024）。有学者认为，网络化或许将成为全球化发展的新趋势（张蕴岭，2021）。也有学者认为，世贸组织陷入僵局，区域贸易协定的兴起可能使全球化趋向区块化（钱乘旦，2021）。总之，全球化放缓，其传统表现方式将发生改变，成为中国发展的国际背景。地缘政治因素将成为影响国际市场发展的显著变量。

“我国经济已由高速增长阶段转向高质量发展阶段，正处在转变发展方式、优化经济结构、转换增长动力的攻关期，建设现代化经济体系是跨越关口的迫切要求和我国发展的战略目标。必须坚持质量第一、效益优先，以供给侧结构性改革为主线，推动经济发展质量变革、效率变革、动力变革，提高全要素生产率，着力加快建设实体经济、科技创新、现代金融、人力资源协同发展的产业体系，着力构建市场机制有效、微观主体有活力、宏观调控有度的经济体制，不断增强我国经济创新力和竞争力。”① 此后，关于高质量

---

① 新华社. 习近平：决胜全面建成小康社会 夺取新时代中国特色社会主义伟大胜利——在中国共产党第十九次全国代表大会上的报告［EB/OL］.（2017－10－27）［2024－11－20］. https：//www. gov. cn/zhuanti/2017－10/27/content_5234876. htm.

发展的研究文献数量呈爆发式增长。高质量发展已成为我国根本发展战略。这是顶层设计层面对我国发展大方向的定调。

就高质量发展的内涵来说，“就是能够很好满足人民日益增长的美好生活需要的发展，是体现新发展理念的发展，是创新成为第一动力、协调成为内生特点、绿色成为普遍形态、开放成为必由之路、共享成为根本目的的发展”①。“从供给看，高质量发展应该实现产业体系比较完整，生产组织方式网络化智能化，创新力、需求捕捉力、品牌影响力、核心竞争力强，产品和服务质量高。从需求看，高质量发展应该不断满足人民群众个性化、多样化、不断升级的需求，这种需求又引领供给体系和结构的变化，供给变革又不断催生新的需求。从投入产出看，高质量发展应该不断提高劳动效率、资本效率、土地效率、资源效率、环境效率，不断提升科技进步贡献率，不断提高全要素生产率。从分配看，高质量发展应该实现投资有回报、企业有利润、员工有收入、政府有税收，并且充分反映各自按市场评价的贡献。从宏观经济循环看，高质量发展应该实现生产、流通、分配、消费循环通畅，国民经济重大比例关系和空间布局比较合理，经济发展比较平稳，不出现大的起落。更明确地说，高质量发

① 新华社. 中央经济工作会议在北京举行［EB/OL］.（2017－12－20）［2024－11－20］. https：//www. gov. cn/xinwen/2017－12/20/content_5248899. htm.

展，就是从‘有没有’转向‘好不好’。”[①] 以上从生产、分配、交换、消费整个社会生产过程的四个环节，从微观、中观到宏观概括了高质量发展在国民经济领域的外延。

对于如何推动高质量发展，“必须坚持科技是第一生产力、人才是第一资源、创新是第一动力，深入实施科教兴国战略、人才强国战略、创新驱动发展战略，开辟发展新领域新赛道，不断塑造发展新动能新优势”[②]。可以看出，科技、人才、创新是推动高质量发展的三大必要条件，富有创造性精神的高素质人才发展科技，运用高科技持续进行创新活动，这种正向循环体现了高质量发展的精髓。

进一步地，“发展新质生产力是推动高质量发展的内在要求和重要着力点……新质生产力是创新起主导作用，摆脱传统经济增长方式、生产力发展路径，具有高科技、高效能、高质量特征，符合新发展理念的先进生产力质态。它由技术革命性突破、生产要素创新性配置、产业深度转型升级而催生，以劳动者、劳动资料、劳动对象及其优化组合的跃升为基本内涵，以全要素生产率大幅提升为核心标志，特点是创新，关键在质优，本质是先进生产力。新质生产力的显著特点是创新，既包括技术和业态模式层面的创新，也包括

① 习近平．开创我国高质量发展新局面［J］．求是，2024（12）．

② 新华社．习近平：高举中国特色社会主义伟大旗帜 为全面建设社会主义现代化国家而团结奋斗——在中国共产党第二十次全国代表大会上的报告［EB/OL］．（2022－10－25）［2024－11－20］．https：//www．gov．cn/xinwen/2022－10/25/content_5721685．htm．

管理和制度层面的创新。必须继续做好创新这篇大文章，推动新质生产力加快发展。”[①] 可以看出，“新质生产力”中的“新”，是“创新”；“质”，是“品质”“质量”，是以技术、制度“创新”，提高产品“质量”，进而促进生产力发展进步。“创新”“质量”“先进生产力”是“新质生产力”三要素，“创新”是核心，“质量”是指向，“先进生产力”是目标。

“高质量发展”和“新质生产力”是实现个人、企业、行业、国家发展的根本遵循。

出版业具有传递信息、传播知识、传承文化、教化育人、提供娱乐的基本功能。出版业从狭义来说，指图书出版业。图书是历史最悠久的传媒之一，因其内容的系统性能够很好地达到慰藉民众、教化民众、塑造民众思想、阐释政策意图的持久宣传目标，相较于报纸、期刊、电视剧、电影等其他形式版权产品，具有系统性、深刻性、批判性、影响力更持久等优势。出版业是形成高素质人力资本、丰富人的精神世界、提高人的认知、培育人的理性思维、激发人的创新活力、强化现代化人才支撑的重要抓手，进而为提高科技水平，实施科教兴国战略提供基础保障。所以说，出版业是实现高质量发展重大国家发展战略的重要支柱型产业。

---

① 新华社. 习近平在中共中央政治局第十一次集体学习时强调：加快发展新质生产力 扎实推进高质量发展［EB/OL］.（2024－02－01）［2024－11－20］. https：//www.gov. cn/yaowen/liebiao/202402/content＿6929446. htm.

但是，我国虽然称得上是出版大国，却并未跻身出版强国，我国出版业面临一系列问题。

根据国家新闻出版署近年的统计数据，改革开放初期，全国共有 105 家出版社，年出书规模为 1.5 万余种；到 2020 年底，全国共有 586 家出版社，年出书规模约 49 万种，总印数为 83.41 亿册。可以看出，在出版规模上我国已成为出版大国。但我国还不是出版强国。在组织版权产品生产策划阶段，同质化跟风出版现象普遍，原创性强的高品质产品匮乏。根据中国版本图书馆公布的数据，2013 年至 2016 年 8 月，文学、哲学、军事、历史、古汉语启蒙、生物、林业类图书都有重复出版现象，文学类图书重复出版数量最多，由 2013 年、2014 年的 4000 余种增至 2015 年的 5000 余种。近年来，教辅、报刊、学术期刊同质化出版问题凸显。

版权产品质量问题明显，国家新闻出版署组织了图书“质量管理 2021”专项工作检查，重点对 2020 年以来出版的少儿图书、教辅材料等进行编校质量检查。此次共组织抽查了 100 家出版单位的 300 种图书，经审核，认定其中 62 种图书不合格。[①]《平安经》与某出版社小学数学教材插图等出版质量事件引发社会高度关注。

随着数字化、智能化技术的发展，一大批传统产业将发

① 孙海悦. 62 种图书差错率超过万分之一［N］. 中国新闻出版广电报，2022-03-25.

生颠覆性变革，出版产业更是首当其冲。然而一些传统出版单位，由于运营方式比较固化，加上以前积累的成熟优质的图书版权产品，市场份额和收益还没有到“山穷水尽”的地步，面对出版生产力的快速发展，既没有能力也没有动力去主动应对，仍处于徘徊观望、裹足不前、想试怕赔的困境中。

图书版权价值的实现需要有一定数量的读者，人口规模是影响出版规模的重要变量，尤其对于教育出版这一我国出版业核心板块而言影响尤为明显。近年来，中国的新生儿数量一直呈下降趋势。2016—2023 年，我国出生人口由 1883 万人锐减至 902 万人，出生人口的减少势必导致出版规模迅速萎缩，尤其会对教育出版规模造成深远影响。

2023 年，国内经济虽有所恢复，但仍存在需求不足、消费降级问题，个人图书消费支出有所减少。同时，受财政开支压缩影响，学校、科研院所、公共图书馆等机构客户需求以及由各种科研经费支持的出版项目全面收缩[①]，这直接影响了图书产品价值实现，影响了整个行业的利润率。与此同时，以国有资本经营预算资金、宣传文化专项资金等形式对出版企业的直接财政扶持减少[②]。多重因素导致部分出版社的经营效益受到影响，对数字化转型的投入有所

① 汤雪梅，杨春兰. 2023—2024 年中国出版业发展报告［J］. 出版发行研究，2024(7).

② 同上。

收缩。

2024 年 5 月，北京 10 家出版社和由上海出版社经营管理协会代表的上海 46 家出版单位发出抵制京东“618”图书大促“超低折扣”的联合声明。自 2020 年北京开卷信息技术有限公司开展页面监测以来，图书售价折扣一直保持在 6.0~7.0 折之间。2020 年监测售价折扣为 6.4 折，2021 年降至 6.3 折，2022 年一度回升到 6.6 折，而在 2023 年仅为 6.1 折，2024 年第一季度进一步降至 6.0 折，图书折扣日渐降低。再加上电商平台满减、优惠券、限时低价、包邮等促销方式，图书的实际售价折扣其实更低。2023 年，我国图书零售市场码洋同比增长 4.72%，但实洋同比下降 7.04%。[①] 这种高码洋、低实洋的不良情况，反映了出版社高库存、低价值实现的经营窘境。

据开卷数据统计，2023 年短视频电商渠道学术文化图书销量前 50 名中有 17 种折扣在 2.0 折以下，其中前 10 名中有 5 种图书折扣在 2.0 折以下，短视频和电商直播销售的低价倾销已经对图书价值实现造成负面影响，严重威胁传统图书销售的市场秩序。[②] 低价直播售书，还带动了一批思想内容匮乏、编校质量低下、纸张印制粗劣的“跟风书”“编攒书”进入市场，不利于出版业功能发挥，阻碍了出版业的

① 汤雪梅，杨春兰. 2023—2024 年中国出版业发展报告［J］. 出版发行研究，2024（7）.

② 同上。

可持续发展。

以上罗列的这些出版业方方面面的问题，归纳概括来讲，主要是在各种复杂因素的综合作用下，出版企业创新动力不足，出版物产品质量不高，整个出版行业生产力有待提高，生产关系需要进行调整。

在宏观监管层面，2018年2月，党的十九届三中全会通过《深化党和国家机构改革方案》，明确出版工作由中央宣传部管理，强化了党中央对新闻舆论工作的集中统一领导。随后国家出台一系列政策规定，如严格书号审批、要求出版单位将社会效益放在首位、发布评价考核出版单位社会效益具体办法，以及出台新《出版专业技术人员继续教育规定》，推动深化图书出版供给侧结构性改革，旨在促进出版单位供给高质量图书并加强出版品牌建设。高质量发展成为出版业发展的必然选择。

在思想市场上，出版企业赖以生存和发展的核心资产和利润来源在于图书版权资产。创作制作出的图书只有被授予合法垄断权——版权，才可算作资产，才能参与社会生产过程，实现价值和获取利润。在出版企业中，对图书版权的控制权意味着拥有剩余索取权，即拥有对企业的控制权。在数字出版时代，图书从纸质形态演化为融合性知识产品。在数字出版平台上，无论是出版企业自己搭建的，还是出版企业合作加入的，图书出版面临的新生产关系中，最主要的在于图书产品被作为版权产品来经营，可以说版权即出版企业的生命。出版企业的竞争不是价格、产量竞争，而是对高质量版权的竞争，版权是对累积创新的激励，版权促进了出版企业为获得垄断利润而自发形成的创新竞赛，因此，版权是出版企业高质量发展的内在驱动。然而，在思想市场上，版权产品以及创造生产版权产品的出版资源是稀缺的，即使在人工智能时代，亦是如此。经济学是一门研究人类如何将有限或者稀缺资源进行合理配置的社会科学，经济学分析方法对于分析思想市场、版权产品、出版企业行为、读者、作者与出版企业之间的关系是一种可行有效的工具。

综上所述，每一个有责任担当的编辑人不禁开始严肃思考——在数字经济时代，图书出版业如何发展新质生产力，如何实现高质量发展？本书以此为研究选题，期望通过个人经济分析学术专长结合出版实践经验，尝试对此问题提出应对建议。

## 1.2 研究框架

第 2 章分别从高质量发展经济研究、质量经济学研究、版权经济理论、出版经济学研究、出版业高质量发展研究、动态企业理论研究六个方面，对图书出版业高质量发展的战略导向、质量重心、版权实质、学科研究、实践目标、实践主体六个方面，进行相关文献综述，为本书研究提供分析基石。

第3章在对出版生产关系的基础制度——版权，进行法经济学分析的基础上，论述了版权的经济本质——促进累积创新，从而论述了出版业高质量发展的内涵。继而利用产业组织理论对思想市场竞争行为进行分析，通过分析版权的垄断性及思想市场的网络效应，论述了对版权进行规制的必要性。对版权的经济分析为图书出版的高质量发展提供了经济理论基础。

第4章根据动态企业理论，论述了出版企业董事会创新能力的来源、形成、发挥及提升，从出版企业战略层面分析了图书出版业高质量发展的实践主体行为。

第5章采用一般经济分析方法分析图书出版业的思想属性——思想产品的供需和思想市场的均衡，进而分析了出版发行部门的缘起，这是理解出版质量的理论前提。继而从出版企业管理操作层面，论述了图书出版微观质量管理制度的建设与实施。之后从出版企业编辑个体角度，论述了质量意识下的思维内涵与图书评价实践活动。

第6章从时间维度论述了出版企业数字化转型的问题及对策，对应高质量发展的“绿色发展”和“协调发展”。

第7章从空间维度论述了版权对外贸易的相关理论与实践，对应高质量发展的“开放发展”。

第4~7章为图书出版高质量发展的路径研究。

第8章从产业演化的角度，对人工智能时代出版业的变革与发展愿景进行了展望，并根据编辑人才的发展趋势，提出编辑人才培养的建议。

## 1.3　研究方法

本书的选题定位于图书出版业与版权思想产品的经济学研究，采用如下研究方法。

（1）经济学分析法，如采用供给—需求分析法分析思想市场，采用新制度经济学分析法分析出版发行部门行为，采用网络经济分析法分析数字出版平台等。

（2）知识经济学分析方法，如采用动态企业理论分析出版企业公司治理行为。

（3）管理学分析法，如采用全面质量管理理论分析出版社质量保障制度的构建与实施。

（4）案例分析法。图书出版业是一个重实践的行业，本书结合具体出版案例进行研究，为理论分析提供现实基础。

（5）法经济学方法。本书采用经济学分析方法对图书版权进行研究，因此有必要理解法律的一般原则，并且在研究中注重经济学的分析方法与法理分析的相互渗透。

## 1.4　创新之处

本书的创新之处体现在，不同于将图书产品视作一般同质实物产品而机械套用新古典经济学分析框架来分析图书出版产业，本书着重分析图书产品双重属性之一的虚拟思想产品性质，这一点在互联网经济时代尤其关键。本书采用法经济学方法分析了图书产品的版权产品实质这一图书出版业转型和发展的基础，采用网络效应与平台经济等互联网经济学分析方法分析当代图书出版产业，为图书出版业高质量发展构建新时代经济理论基础。在此基础上，结合笔者个人的工作经验与实践，从公司治理和执行操作层面提出出版社质量保障制度的构建和完善策略，以及传统出版企业数字化转型与对外版权贸易发展对策，从而论述了图书出版业高质量发展路径，并提出适应人工智能时代的编辑人才培养方案。

本书在分析过程中得出如下可能的创新结论：版权是对思想创新的保护和激励制度，是出版生产关系的基础制度。创新是出版业的生存根本，高质量发展本身即出版业的内涵，是出版业发展的应有之义。图书产品的思想产品属性在互联网时代凸显，出版企业是参与思想市场竞争的生命有机体，董事会是出版企业的“大脑”，董事会创新能力的发挥是图书出版业高质量发展的根本保障。应采用数据包络技术与 Manquist 指数法来评价出版企业的运营效率。图书出版企业数字化转型的最终目标为双边数字出版平台。对外版权贸易是在国际范围内版权产品的价值实现手段，应关注具有版权投资属性的富有潜力的国际青年学者的版权产品引进。人工智能时代开启，技术发展将极大地提高出版生产力，整个出版行业将随之发生颠覆式变革。其中，作者、编辑、读者三者身份将合而为一，最后统一纳入经过各寡头数字出版平台的激烈竞争而逐渐演化为一的人工智能出版自然垄断大平台，此为人工智能时代出版伦理问题的核心。为提前做好适应新时代的准备，编辑人才应向精通某一学科领域且具有创新精神的思想企业家——学者型编辑发展转型，这需要出版企业与编辑个人以此为目标，勠力同心、奋楫笃行。

# 第2章 图书出版业的高质量发展：文献回顾

## 2.1 高质量发展经济研究文献综述

国家发展改革委经济研究所课题组（2019）研究认为，高质量发展的核心内涵是供给体系质量高、效率高、稳定性高。经济发展质量变革、效率变革、动力变革是推动经济高质量发展的根本途径。中国经济发展质量、效率、动力和持续性均出现深刻变化，但与主要发达国家尚存较大差距。当前及今后一个时期，发展理念转变不到位、经济发展中的两难多难问题突出、科技创新瓶颈突破难度大、国际经济政治环境复杂多变、治理体系和治理能力不适应要求等，对中国经济高质量发展构成挑战。推动经济高质量发展，应以贯彻新发展理念为基本遵循，以建设现代化经济体系为基本目标，以供给侧结构性改革为主线，以质量第一、效益优先为导向，以技术创新和制度创新为动力，加快推动三大变革，努力提高经济发展可持续性，同时顺应要求加快完善政府引导调控体系、顺势而为谋划国际经济关系新布局，为高质量发展创造良好的社会环境和国际环境。

赵剑波等（2019）认为高质量发展体现在宏观经济、产业、企业三个层面，以要素质量、创新动力、质量技术基础为基础条件，实施高质量发展要不断弘扬质量文化，促进质量立法，构建良好的质量人才教育培训体系，建立完善的国家质量技术基础体系。

张治河等（2019）剖析了经济高质量发展的概念，从宏观与微观层面界定了其内涵，认为经济高质量发展是一个动态过程，要实现经济高质量发展的目标需要加快市场供需的匹配速度与效率，同时依靠创新提高整个社会的全要素生产率和资源要素的整体协同性。基于国内外高质量发展的理论与实践，对影响经济发展过程的相关要素及其联系进行了系统分析，构建了创新驱动经济高质量发展的机制模型，为深入分析经济发展过程中的发展质量、效率与动力之间的关系提供了一个系统框架，从加快核心技术创新、加大创新人才培养与激励、提高创新资金支持力度与投资效率、加强市场与政府相互协作等方面提出了创新驱动经济高质量发展的战略措施。

高培勇等（2020）认为，第一，经济高质量是社会高质量和治理高质量的输出。中国迈向发达国家的核心经济机制在于要素质量升级和创新，但需要社会高质量和制度高质量作为前提；第二，高质量社会与高质量经济协同是重中之重；第三，经济高质量的基础是知识中产群体扩大再生产，通过就业能力提升和消费结构升级，知识中产群体充当了经济高质量与社会高质量的纽带，也是决定要素质量升级的关键环节；第四，高质量经济社会需要高质量治理结构支撑。

可以看出，关于高质量发展的经济学理解，无论微观、中观、宏观层面，“创新”“质量”“人才”是三个关键词，创新是动力、质量是基础、人才是关键。因此，对于本书选题——图书出版业的高质量发展，笔者主要从出版领域中创新、质量两方面构建理论基础，从而为出版人才实践提供一些有价值的参考。

## 2.2　质量经济学研究综述

“质量”一词大多出现在管理学文献中，大多是有关产品质量控制和企业质量管理的内容。关于质量的经济学研究，在西方经济学信息完全假设条件下，消费者在作出购买决策前完全了解商品质量，同一种类商品中不同质量的商品被视作同质的不同种类的商品，商品质量转化成价格信号，商品质量的研究转化成商品价格的决定。

阿克洛夫（1970）在《“柠檬”市场：质量不确定性与市场机制》（*The Market for " Lemons": Quality Uncertainty and the Market Mechanism*）一文中，以二手车为例，首次打

破信息完全假设条件，分析了在信息不对称情形下二手商品市场中的质量问题，从而开创了信息经济学。他认为，在二手商品的交易中，买卖双方拥有的二手商品质量信息是不对等的，卖方显然知道更多的质量信息，而买方则知道得较少。信息不对称的存在，让信息劣势的一方——买方只能按照一个平均价格来购买并不清楚质量好坏的二手商品，但平均价格将会让实际质量超出平均价格水平的二手商品被贱卖，从而“挤出”这部分质量相对较好的二手商品。这样，买方实际面对的是质量相对较差的二手商品，“劣币驱逐良币”现象将在二手商品市场上演。随着买方意识到二手商品平均质量在下降并不断调低报价，市场中的另一部分质量较高的二手商品又将退出市场。在信息经济学中，这种现象被称为逆向选择。以上情况循环往复，最终会导致二手商品市场崩溃，出现市场失灵。

针对信息不对称导致的市场失灵问题，依照信息经济学的逻辑，可以设计一些能提高信息对称程度、减少交易成本的市场失灵修复机制。例如，卖方提供一份由独立的第三方专业机构出具的商品质量鉴定证明，主动揭示商品的质量信息；卖方提供质量承诺，对一定期限内可能出现的商品质量问题负责，如退货、更换合格商品、保修，更有部分网商的“仅退款”等，提高买方对商品质量的信心；在法律健全的国家，由第三方仲裁者介入的私法调节来实现对不完全信息的矫正；由政府监管部门通过强制性法律介入信息不对称市场的运行，以保护消费者和用户的权益。本书所讨论的图书出版企业，其实质就是为减少思想市场上作者与读者在出版物质量方面信息不对称的经济机制。

银路（1995）在《质量经济学概述》一文中将质量经济学研究内容概括为五大方面：一是经济学中的质量与质量规律；二是微观质量经济分析，主要研究质量差异与单个经济单位（消费者、企业、市场）的经济行为之间的相互关系；三是宏观质量经济分析，主要研究质量差异与宏观（总量）经济活动和宏观经济指标之间的相互关系；四是提高质量经济效益，包括企业质量经济效益和社会质量经济效益，其中企业质量经济效益包括改善产品质量为企业带来的经济效益和对质量管理方案进行经济性评价为企业带来的经济效益，社会质量经济效益包括提高产品质量为用户带来的直接效益和提高质量为整个社会带来的经济效益；五是质量的经济调控政策。本书主要进行微观质量经济分析，即研究图书产品质量差异与读者、出版社、图书产品市场的经济行为之间的相互关系。

## 2.3　版权经济学综述

### 2.3.1　版权经济分析的一个简要回顾

版权是对创新的保护。图书的灵魂是作者的创新能力。

因此，可以说版权是对图书灵魂的保护，是图书价值实现的前提。分析图书出版的高质量发展，首先要弄清版权的经济性质，这是分析出版业创新的理论基础，所以在此对版权保护的经济学研究进行回顾。

过去，在关于知识产权经济分析的文献中，大部分是关于专利权的，版权受到的关注少得多，部分是因为专利对于经济增长的促进作用比版权重要。如今，服务业比传统制造业发展更快，尤其是文化创意产业受到更大关注，随之对版权的经济分析日渐蓬勃。版权与专利的根本区别对于版权分析来说是极其重要的：版权只保护思想的表达形式但不保护思想本身，而专利保护作品思想本身。版权在作品产生之时自动生成，而且版权比专利的持续时间长，我国为作者有生之年再加上作者身后50年。

关于版权的经济分析，很多学者曾作过这方面的研究。Liebowitz和Watt（2006）作过关于版权与音乐产业的研究综述，Towse（2006）研究了版权中的作者权，包括作者精神权利、表演权与转让权。Besen Raskind（1991）和Menell（1998）将版权纳入更一般的知识产权经济分析框架中。关于版权的经济分析，主要有几种分析方法，包括福利经济分析方法、产权分析法、法经济学分析方法、实证检验等。为了刻画并解释版权出现后的“真实世界”，学者倾向于综合使用不同方法进行研究，但在理论研究上这使厘清不同流派的主要观点变得难上加难。此外，复制技术的颠覆式变革使复制变得更容易且成本更低，动态技术变迁使比较静态均衡发生变动，早期版权文献的一些结论自然随之更改。

在以下综述中，本小节分别进行关于复制的经济分析与版权制度经济分析的综述，以及版权的法经济学分析。经济学者倾向于忽视版权法的法律条文细节，并在一般意义上讨论版权制度；法经济学领域却对版权法中的内容（保护范围与保护期限、合理使用、衍生作品等）给予经济分析，但是使用的分析方法局限于静态福利分析法。

经济学家对于版权的论述最早可追溯到亚当·斯密，但直到 Plant（1934），才有了关于版权的系统经济分析。关于复制的经济分析成形于 20 世纪下半叶，Hurt 和 Schuchman（1966）、Breyer（1970）、Novos 和 Waldman（1984）、Johnson（1985）在复制的经济分析方面作过相关研究。Liebowitz 的一篇论文探讨了使用价格歧视手段获得回报的可能性，从而否定了版权是使创作者获得回报的必要手段，这被其称为“间接获得”。关于版权的产权分析始于 Merges（1995），关于版权的法经济学分析始于 Landes 和 Posner（1989），关于版权集体的经济分析始于 Peacock 和 Weir（1975）。

### 2.3.2　版权经济基础

经济学家视版权法为激励创造性作品的手段。当然，版权也会产生成本。最初文献认为版权是一种垄断，因此价格高于完全竞争情形下的价格。然而，由版权造成的垄断价格是合理的，因为这使创作的固定成本可以得到弥补。但是，版权也产生了知识接入成本，由于垄断高价，那些对作品的评价高于边际成本而低于销售价格的消费者被排除在市场外，这被称为“利用不足”。其与没有版权激励而导致的“创作不足”之间的权衡，是许多文献的核心内容，也被称为版权消费者与生产者利益的权衡。然而，版权也将排除一些利用已有作品进行创作的生产者，因为他们不愿支付已有作品的版权持有者索要的价格，也不想承担获得许可的交易成本。这些成本随着版权权利的保护范围和版权实施力度的加大而增加。版权制度还将产生管理与实施成本，此成本将产生福利“净损失”，对版权的管理与实施占用了资源却没有创造出相应价值。

由于这些交易成本的存在，一些经济学者抵制版权，并且倾向于让市场自发解决，如“占先优势”，即先进入市场者具有策略竞争优势。随着复制技术的发展和应用普及，版权的实施变得越来越难，版权这种“商业模式”日益缺乏可行性，学界又开始了对“新商业模式”的讨论，即怎样能使创作得到回报，脱离对版权制度的依赖。

#### 2.3.2.1 版权与垄断

亚当·斯密（1762）曾对版权法（英国 1710 年引进）和版权垄断（又称为“排他权”）作过简要分析。尽管在斯密所处的时代垄断普遍被认为是一种罪恶，斯密仍认为版权

（在他那个时代，版权只持续 14 年）无害，还会带来一些好处，版权并不该被一棒子“打死”。斯密以后的政治经济学家对版权就不这么“宽厚”了。在英国 19 世纪关于专利的争论中，版权也得到了一些关注，如 Macaulay 曾说“版权是为了给作者奖励而对读者征的税”，一语概括了版权的政治经济利益分配性质。他也曾说道：“版权是一种垄断，这种垄断使好文章变得稀缺……作者理应得到补偿，补偿作者最不好的方法是授予其垄断。尽管垄断是邪恶的，但是为了其带来的好处，我们必须忍受邪恶。”Plant（1934）仍着重于版权的垄断性。

早期的版权经济分析主题主要是关于法定垄断权与它授予版权持有者提高价格的机会。这也是设立版权的目的：版权使版权持有人获得足够的回报以补偿创作版权作品的投入。创作激励通过市场行为自发实现。版权垄断使版权持有人在版权到期之前，可以收取一个高于制作出售作品副本成本的价格。作品版权到期后，作品进入公共领域，成为公共品，此时是非竞争与非排他的。Liebowitz 和 Watt（2006）持制度经济学角度的观点：版权是使公共品私人化的制度，作者头脑生成的思想、观点具有公共品性质，对作者头脑生成的思想、观点表达授予版权，才可以进行市场化交易。然而，他们没有认识到，这其实是一个动态过程，后代的版权作品的社会收益来自前代版权作品消费者承担的私人成本，时间间隔取决于版权的保护期限。随着版权保护期限的延长，当代消费者总是比未来消费者的所得要少，这对当代消费者来说是不公正的（Towse 等，2008）。

对于垄断的负面评价充斥于早期版权经济分析文献的字里行间，即使当时版权垄断程度与后来相比较轻。在当时，版权作品不是同质的，版权作品没有替代品，市场进入是自由的，这使版权作品价格低于只有单一供给者时的垄断定价，在这个意义上，版权是促进作品创作竞争的。当时一味的反垄断立场现在来看有些简单粗暴，应该对版权这种垄断权持一种客观中立的态度，这与经济学者对竞争法的立场转变也是一致的。

#### 2.3.2.2　垄断与规模报酬递增

抵制版权的观点源于信息品的根本特征——规模报酬递增。规模报酬递增意味着更多的单品被生产出来，效率会提高，边际成本会下降。版权作品属于信息品，生产原始版本的固定成本往往很高，而复制和销售的可变成本往往很低。由于边际成本低于平均固定成本，边际成本定价对于以利润最大化为目标的生产者来说是不可行的。规模报酬递增导致“自然垄断”，即市场上只有唯一垄断供给者时将比市场上有多个供给者更有效率，死板机械地根据竞争法规制这种自然垄断将导致更高的价格并降低社会福利。

政府管制可以降低自然垄断的负效应，甚至可能达到帕累托最优。例如，垄断生产者引入双部定价，以通过边际成本与其他收费（如政府对读者的补贴）相结合来弥补固定成本。但是，西方经济学者认为这并不适用于版权产业。国外经济学者认为通过市场自发行为，采取价格歧视策略可以达到同样的效果。我们将看到一种双层垄断——法定版权垄断与在信息品生产过程中市场自发形成的自然垄断。相应地，政府也将被赋予双面角色——作为法定财产权的设计缔造者与作为法定财产权对市场绩效发生作用的规制者。这种双层垄断是引发版权法与竞争法两种法律制度竞合的源头。

如今的版权作品数字化技术是否会改变固定成本与边际成本的比率，是否将改变版权作品生产中报酬递增的性质，由于数字版权产品边际成本已降为零，而知识的规模报酬递增这一点永远不变，已不再成为问题。与技术决定的规模报酬递增仅适用于供给方不同，网络经济效应同样适用于需求方，例如，在一个使用系统中消费者有大量社交联系，如电邮、电话、社交程序等，使用人数越多，产品就越有价值，这就具备了自然垄断性。

### 2.3.3　复制与间接获得的经济分析

Landes 和 Posner（1989）作了关于版权经济分析与复制经济分析的区分。版权经济分析着重于版权法的性质，而复制的经济分析的主要内容是，复制技术手段的进步使制作副本的成本发生改变，这种改变将引起原版对思想市场的影响如何改变。前者侧重于制度层面，后者侧重于技术层面，两者是显著相关的。非授权使用（“搭便车”）的存在是版权产生的理由，复制技术的变迁会影响版权制度运行的效率与意义。复制技术的进步使复制变得越来越便捷与低廉。复制的经济分析集中在创作原作的固定成本与制作副本的边际成本的关系上，而这种关系恰恰决定了出版生产力和出版生产关系的矛盾运动形态。

对纸质复制的经济分析为当代的数字出版研究设立了基础框架。Novos 和 Waldman（1984）讨论了由复制副本增长引起的版权产品的创作不足与版权保护加强引起的公众使用不足。在他们的模型中，无论副本是合法生产的还是非法盗版的，对消费者来说都是无区别的。Johnson（1985）注意到消费者的私人复制行为，这种私人复制没有补偿创造者。由于技术进步，复制已变得较容易，他分析了短期与长期限制复制造成的经济后果。在短期，一方面是限制复制对于取得授权副本的需求的影响，另一方面是限制复制对于减少信息品的总消费量的影响；在长期，限制复制的合理性取决于版权产品种类的思想价值和供给作品数量对于未授权复制的反应程度。

出于对版权法的替代制度的思考，Liebowitz（1985）提出“间接获得”（indirect appropriability）的概念。他认为供给者有时会通过市场手段降低复制对于作品取得回报的负效应，特别是采用价格歧视策略。价格歧视，即对于相同的产品收取不同的价格，这种策略在市场上只有一个垄断供给者时才能成功实行，当且仅当市场可分割且不同的分割市场有不同的需求弹性时。Liebowitz 分析了学术期刊市场，出版商供给两个明显不同且彼此分割的市场——私人订阅者与图书馆，图书馆愿出比个人高得多的价格。Liebowitz 实证检验了复制影印的影响，得出由于出版商可采用价格歧视增加回报，对图书馆收取较高价格，复制没有对期刊出版商不利的结论。尽管复制发生在图书馆，但对于出版商来说，图书馆较高的订阅费抵消了在私人购买者方面所减少的销售额。出版商因此间接补偿了未授权复制造成的损失。Liebowitz 以期刊出版为例，提供了“间接获得”的经验证据，这些影响足够强，以至于出版商的回报能够得到维持。可以说，市场机制自发解决了作品创作不足的问题（Towse 等，2008）。Besen（1986）使用“间接获得”的概念讨论了未授权复制可能导致的不同结果，主要取决于生产者对于消费者私人复制行为的反应。

Varian（2000）讨论了共享可能导致生产者利润增加的三种情形：第一种，共享的交易成本低于生产的边际成本；第二种，在使用数量受限制的情况下，企业将实行价格歧视并以更高价格出售产品；第三种，当存在优先使用权时，人们选择共享还是购买，取决于个人品味和预算。共享使生产者注意到容易被忽视的那部分市场。Varian（2005）对复制对短期垄断供给者价格决策的影响进行了模型化处理。在此，复制被视为进入市场与原版生产者进行竞争，即盗版商与出版社进行竞争。出版社通过调整定价策略对此作出反应。

Takeyama（1994）讨论了“间接获得”的相关应用。她着重分析了未授权复制的网络外部性及其对社会福利的影响。因为消费者利益来自网络外部性，消费者愿意为网络效应好处支付更高价格，生产者将得到更高回报。因此，生产者将纵容未授权使用，因为未授权使用会增加消费者网络基数。Takeyama（1994）发现在网络外部性存在的情形下，未授权复制不仅能提高公司的利润，也将导致明显的社会福利的帕累托改进。她进一步指出，由于存在网络效应，即使在间接获得缺失的情形下，也将存在社会福利改进的可能。Liebowitz 与 Margolis（1995）认为 Takeyama 所谓的“网络外部性”其实并不是纯粹经济学意义上的外部性，即由于技术因素引发的、可以通过所有权界定与合同来解决的网络外部性。Takeyama 所谓的“网络外部性”可能具有负面效应，因此没有社会福利意义。

在数字技术的进步改变了复制的性质的情形下，Liebowitz 认为“间接获得”在其产生的时代很重要，复制行为并不必然就对生产者有害，它只是应该被有限应用，但被一些经济学者过度解读了。Johnson 与 Waldman（2005）指出当市场充斥着复制品时，文件共享与 CD“发烧友”传播的爆发式增长，将使价格降到生产副本的成本以下，对补偿创作者来说将发生市场失灵，即将阻碍作者回收创作沉没成本。Johnson 认为，随着价格歧视策略的发展，价格歧视策略将有助于解决一些由复制引起的报酬损失问题，并不提倡政府对此进行干预。

### 2.3.4　经济分析方法在版权领域的应用

#### 2.3.4.1　新古典经济学方法

在早期文献中经济学者对版权的态度是模棱两可的。版权遭抵制的理由是，没有版权法，市场也会有效运行，而那些接受版权的观点认为，版权对社会既有成本也有收益，且社会收益大于社会成本。可以采用福利经济分析法探讨此问题，并对社会究竟需不需要版权（版权的必要性）试图给出一个一般答案。

福利经济学的核心概念之一是"帕累托最优"，在这种状态下，资源的重新配置已不可能使社会中任何一方的福利得到改进而没有使其他人福利受损。这种帕累托最优状态只有在所有市场都是完全竞争的（边际成本定价）且没有市场失灵的情形下才能达到。而市场失灵在多种情形下均会发生，如无法由市场定价的产品（如公共品或外部性）、垄断、虚拟市场（不是实体市场，如思想市场、期货市场）。根据福利经济学第一定理，信息品是达不到资源配置最优的，因为信息品是公共品；更进一步，版权这种制度设计，使公共品私有化，引入了竞争成分，保护了作者利益，使其创作行为能够获得回报，从而在经济理论上使达到帕累托最优成为可能。版权本身作为一种垄断权，其实是一种“次优方案”选择，应以市场上相对收益与成本的权衡来评价，而不能武断评价。这意味着，为实现福利最大化，每一部版权作品都应有自己的保护期限，Landes 和 Posner（1989）已意识到这一点，但这是不现实的，因为必须有一个所有版权作品统一的保护期限以最小化版权市场交易成本。Posner（2005）认为，在一般意义上，版权的最优保护期限取决于版权作品未来给作者带来收益的贴现与其他人未来利用该版权作品进行创作的成本的贴现是否相等。

关于版权是不是最有效的解决方案、版权是否能以社会效益来评价的问题，许多学者采用福利分析法进行讨论，不同学者对相对成本与收益的定义是不同的。大部分对收益与损失的讨论和比较，假设条件是在完全竞争市场中，规模报酬不变，以边际成本定价，不存在公共品或外部性，交易成本为零。在此假设条件下，将获得社会效率。反之，任何违反此假设条件的情形均是市场失灵。市场失灵可通过政府干预获得矫正，对于思想市场的市场失灵，政府干预就是版权法的设置。版权是一种次优选择，它其实不能使经济达到帕累托最优情形。版权法的设置思想是使净损失最小，净损失是由版权垄断制定的高价造成的。关于这种版权法设计原则，如果没有采用帕累托福利经济分析法，在理论上是结果不确定的。收益与损失权衡的成本—收益分析法只有在可验证的情形下才是有效的，结论也才是可信的，但由于数据获取难度较大，笔者目前没有见到相关研究。

帕累托福利分析方法厘清了版权经济分析的一些理论性误区。规模报酬递增（自然垄断）与公共品——信息经济的典型特征，还有交易成本，所有这些被视为市场失灵的情形的影响超过了法定垄断权本身。每一个因素都将被技术发展所改变，例如，安全数字技术保护手段将消除一些公共产品和服务的非排他性并降低交易成本。在数字化之前所得的结论，无论当时分析得多么精彩，都是机械化印刷出版时代的陈年往事，随着人类进入数字出版时代，许多结论是否将得到改写，是新时代值得出版学者严肃思考的问题。

#### 2.3.4.2　制度经济学方法

版权经济分析的另一主要方法是制度经济学方法，该方法将版权视作一种财产权，由科斯定理发展而来。科斯定理经斯蒂格勒（Stigler）抽象提炼，概括为“如果交易成本为零，不管初始权利如何配置，总会实现社会产值最大化”“在完全竞争的市场条件下，私人成本等于社会成本”。只要产权界定清晰，政府干预就是不必要的，因为任何纠纷均可通过谈判解决，如果谈判失败，还可通过诉讼解决。可以看出，这种分析方法认为社会福利分析是不必要的。以波斯纳（Posner）和库特（Cooter）为首的主流法经济学界是以科斯定理为立论基础的。版权法使文学、戏剧、音乐、其他创造性作品财产化、私人化，并使它们得到优化使用。对效率的关注转向最小化交易成本，包括签版税合同与保护版权的成本。

其他学者以产权的经济形态来分析创作者取得回报的问题。“公共地悲剧”是明晰产权的典型案例。当产权（如土地）公共所有时，没有人有激励去投资改善它。每个人都试图搭别人投资的“便车”，导致“没有投资的悲剧”。经济效率实现的前提条件是产权界定明晰，这样可以排除那些“搭便车”的使用者。版权本身是一种政府干预的形式，在利用产权分析法分析版权制度时，重点在于论证：与其他形式的政府干预相比，版权是使社会成本最小化的一种干预形式。版权的长处在于使产权界定明晰，这样思想市场将有效运作。然而，当版权涉及信息品的非竞争性时，“公共地悲剧”理论将不再适用。Arrow 认为，信息品不同于实物产品，信息品是公共品，从经济效率意义上看，信息品的非竞争性本身就意味着可以免费使用，他因此得出结论：需要通过政府公共投资来支持研发活动。信息品，尤其是受版权保护的信息品，其非竞争性意味着：作为知识产权私有化工具的版权法，丧失了为了解决“公共地悲剧”而被设计出的初衷，因为为避免“公共地”耗尽而配给限额使用变得没必要了，这是抵制版权的“创造性公地运动”的立论基础。另外，Landes 和 Posner 作为知识产权法经济学分析方法的主要推动者，同样以版权作品的非竞争性为基础来驳斥本意为了解决“公共地悲剧”问题的版权法的必要性，这也是为了解决版权无限扩张的问题，而对版权扩张的支持观点则缺乏经验证据支持。

总而言之，部分经济学者对版权是否需要设立与如何建立合适的版权保护期限持不确定的态度。那些支持版权设立的学者对于版权是否促进社会经济效率提高也没有达成一致看法。

### 2.3.4.3　版权的法经济学分析

法经济学使用经济学分析框架来解释法律规则。研究版权经济学的学者主要关注版权法及其变化对思想市场的影响。适用经济分析的版权法中的特别条文是：版权是对表达的保护，而不是对思想的保护，这些条文内容包括衍生作品（如翻译、音乐表演、基于书改编的电影剧本）的作者权、雇佣作品、版权的保护期限，以及对于私人学习研究、模仿、评论等版权的“合理使用”等。

Landes 与 Posner 着重讨论了对于创造性的激励的积极作用与消极作用之间取得最优平衡。法经济学的奠基人波斯纳法官提出的目标函数是社会财富最大化，按此目标，法律必须在对于作者保护的收益与施加在其他作者的成本（如新表达方式的搜寻成本与获得使用版权作品许可的成本）之间取得设计平衡。当版权过度保护（版权过度保护阻碍了创新、限制了公众接入）的成本，与版权给作者带来的收益边际相等时，平衡达到。

Landes 与 Posner 构建的关于版权法的保护范围、保护期限与保护强度的版权合理使用模型，在版权经济文献中具有重要的理论价值和政策影响。他们最初认为，版权制度设置应有区别，不同国别应设置不同的版权制度。他们认为，能带来较大社会价值的作品应受到更好的版权保护，这是有经济效率的。然而，对作品实行版权保护区别对待交易成本太高，因此对所有作品，版权保护还是要统一。版权保护的最优水平必须充分考虑版权实施引发的较高的交易成本。搜寻版权持有者的成本随版权保护期限的延长而增加，从降低交易成本角度考虑，这就要求一个版权保护长度的上限。他们认为，实施和管理版权成本越低，对作者创作的激励就越高，版权保护的最优水平就越高。然而，后来 Landes 与 Posner 改变了他们关于版权期限的观点。他们转而主张无限的版权保护期限。他们认为，大部分版权保护制度是没必要更新的，因为追踪成本与交易成本随着时间的流逝、技术的发展会降低。版权因此可扮演与商标同样的角色，可以得到无限的保护。Landes 与 Posner 认为，这种对版权的无限保护也减少了寻租行为。寻租，即游说政府以获得经济利益，如有利于版权持有者的保护更加严格的版权法，版权此时成为视政治为理性经济行为的公共选择理论的研究对象；潜在利益获得者将在游说上花费一笔钱以得到他们期望的利益。如果版权无限存在下去，版权的进一步扩张将变得不可能，结果是使改变版权保护期限的寻租行为变得没有意义。

版权的法经济学分析的另一个重要的内容是“合理使用”规则。“合理使用”本是例外情形，现在却被越来越广泛地作为一般规则。合理使用规则是指：在版权法中授权的排他权是受限制的，在没有得到作者许可，在没有支付许可费的特定情形下版权作品是合理使用的，而不违反版权法的例外情形。Gordon（1982）最先使用交易成本分析法分析了美国“合理使用”规则，认为当交易成本超过副本对于私人使用者的价值时，市场将终止交易（经济学者称之为“市场缺失”）。然而，正如 Landes 与 Posner 所分析的，不包括“合理使用”内容的保护过度的版权法，将提高交易成本与基于版权的收益，租金将从使用者转到作者手中，并会提高后代作者创作的成本。相反，版权保护程度不足，将不会给寻求对作品收费提供充足的激励，从而将降低作者创作的回报。这也就是 Landes 与 Posner 所指的版权作品的“生产性”（与“再生产性”相对）合理使用将有利于创作新的与衍生性作品，从而使消费者受益。版权法中的“合理使用”规则是对版权保护过度所造成的社会成本的矫正。关于私人从互联网下载版权作品是否属于合理使用，以及利用版权作品对人工智能大模型进行数据“投喂”和训练是否属于合理使用，可以采用法经济学分析方法进行分析。合理使用究竟应在多大程度上减弱版权保护强度，竞争法应在多大程度上进行规制，也是值得思考的问题。

#### 2.3.4.4 技术变迁与动态分析

在进行经济分析的过程中，静态效率与动态效率的区分是很重要的。由于动态模型构建的技术难度较高，经济学者大多使用静态模型进行分析。静态模型分析的是短期中在技术水平不变情形下的配置效率与生产效率。动态效率引入了创新与跨期技术发展。动态效率对于版权经济学分析是至关重要的，因为版权法所提供的激励是动态意义上的：预期作品将在未来受到保护并会带来收益，会激励作者现在进行创作。技术进步降低了复制成本，提高了复制能力，也改变了保护作者的水平，技术进步对市场具有动态效应。在分析版权的垄断性对思想市场的影响时，许多法经济学者往往将垄断造成的净损失模型化。Landes 与 Posner 指出，应从静态分析转向动态分析。许多经济学者已意识到设计动态激励的必要性，并开始使用静态福利经济分析法与市场失灵理论来评价动态激励绩效。

Johnson 最先提出，技术变迁的速度与强度深刻改变了复制对版权价值实现的影响。在以版权为核心支撑的行业，如图书、电影、音乐行业，技术变化对这些行业业态的影响，远远超出了非授权复制（盗版）的影响。因此，考虑时间因素对版权进行重新定义是必要的。既然考虑时间，那么采用历史方法是自然的选择。David（1993）使用历史分析法估测同时期版权在各行业中的经济效果，以及在不同技术条件下版权的经济效果，得出结论：版权（专利）阻碍了而不是有助于技术创新与创造。

除了历史分析法，另一个动态分析方法是由熊彼特（1942）提出的，熊彼特提出的“创造性毁灭”的概念被当今从事版权经济研究的学者所普遍采用。熊彼特并没有具体分析版权，但他提出了一个经典的动态分析范式。他认为在静态意义上完全竞争市场上的企业既没能力也没动力从事创新。因此，一个经济体要实现增长必须由垄断企业来推动，这些垄断企业在演化路径上通过技术创新展开激烈竞争，从而获得垄断力所带来的超额利润，直到更具颠覆性的技术创新，即“创造性毁灭”，将它们淘汰出局，并开展下一轮为获得垄断力的创新竞赛。正如演化经济学家所持观点，比起垄断带来的技术进步和超额利润，对于垄断的谴责是微不足道的。但此观点隐含的重要假设是，在位企业与潜在进入企业的市场地位是平等的，潜在进入企业可以自由进入市场，在位企业没有人为设置强进入壁垒以保持其竞争优势。

技术变迁与市场结构的变化也使版权法的实施成为必然。外部环境的变化意味着在技术变更前就重构现存的版权保护制度是不现实的，因为出版生产关系只能适应出版生产力的发展。技术变更往往是急剧的，极少是缓慢进行的，并不能被充分预期到，这使情况变得更加复杂。技术变更对市场短期会有显著负效应，如数字技术对纸媒的冲击。法律作为一段时期内的固定制度（生产关系）对于技术变更存在时滞，这对立法者在对知识产权法与竞争法之间竞合关系的理解方面提出了挑战。动态分析弥补了版权静态分析的缺点，动态分析的观点，即版权的目的是促进动态累积创新，与静态分析观点——版权是社会成本与收益的权衡，设置版权的目的是鼓励创新——是不同的。具体到政策，相比版权法事前为了鼓励创新而设立，竞争法有时在版权对思想市场影响的事后调节中会更有效。

#### 2.3.4.5 实证研究

经济分析包括两大部分：一是理论分析，二是实证分析。版权经济学的实证研究文献相比专利来说并不多。

曾鹏与赵聪（2016）将知识产权划分为专利和版权两个方面，利用中国31个省份2000—2013年的面板数据，分别对专利和版权影响经济增长的路径进行检验分析。他们的实证结果指出，专利、版权数量的增多能够促进经济增长，但并不是越多越好。知识产权对经济增长的影响因地区而异，这为不同地区专利和版权的保护措施提供了借鉴意义。

黄卫平等（2014）以1998—2010年全国26个省市版权输出和输入数据为样本，利用固定效应模型实证分析版权贸易在经济增长中发挥的作用，并得到以下结论：版权输出和输入均对经济增长发挥了正向作用，其中版权输出的作用大于版权输入的作用。另外，对版权贸易竞争优势指数的分析发现，中国版权贸易竞争优势较弱，且国内地区差异很大。

刘京华（2021）在世界知识产权组织对版权产业所界定的统一概念的框架下，对世界各国版权产业的发展水平和制度安排进行横向比较，包括版权产业增加值占 GDP 比重、版权产业就业占总就业比重、产业竞争力、版权保护政策和版权产业促进政策等几个方面。其通过跨国面板数据模型的实证分析，对版权产业发展驱动机制进行实证检验，就发达国家和发展中国家版权产业发展的影响因素进行对比分析。其认为，从中国的现实国情出发，应该着力构建更高效的版权产业管理体系，推进版权产业供给侧结构性改革，加快版权产业人才队伍建设，拓宽版权企业融资渠道，全方位提升版权产业国际竞争力。

李致娴（2020）对中美版权产业进行对比分析，结合中国版权产业发展现状，分别从深化改革发展机制、完善版权立法、培养版权产业专才、重视版权资源和利用互联网科技传播等方面提出了相关对策建议。

张苏秋（2016）通过实证检验发现版权经济不仅具有显著的经济增长效应，而且能促进技术进步，对治理创意环境、解决市场经济中的信用缺失问题也有积极作用。其认为版权经济增长效应作用路径有两条：一是版权资源要素以直接生产投入要素参与社会生产，提高产出；二是版权资源要素作为间接生产投入要素参与社会生产，通过发挥对技术进步和劳动生产率的溢出效应促进经济增长。

董雪兵和朱慧（2010）构造和计算了衡量知识产权保

护程度的版权指数，此版权指数包括“保护范围”“国际条约成员资格”“版权的使用”“执行机制”四个指标，每个指标满分 1 分，每个指标下面又分为 n 个二级指标，满足其中 1 个二级指标则获得 1/n 分，总分为四项内容的平均分，分数越高，表明一国版权保护程度越强。他们以我国 1990—2007 年的数据为基础进行实证研究，得出结论：从政府角度，“版权制度是目前应用在创意产业保护中的比较广泛的一种手段，由于其主要作用在创意形成的阶段，适度降低版权保护的强度有利于创意的涌现也有助于创意产业发展”；从创意产业企业角度，“需要对企业的作品的版权流通建立完善的版权管理和保护机制。经登记的权利证明文件在作品版权转让、许可使用等活动中是最直接和权威的信誉保证，再加上版权登记在现实纠纷中也可以作为行政救济和司法诉讼的基本且有力的证明。创意企业应及时进行版权登记，有效预防知识产权侵权行为的发生。同时，还应学会利用版权的限制制度，合理合法地使用其他版权人的作品，以最小的投入获得最大的回报”。

郭壬癸和乔永忠（2019）构建版权保护强度测度指标体系，基于 2000—2015 年中国相关数据测度版权保护强度系数，并运用线性回归方法分析版权保护强度对文化产业发展绩效的影响程度。他们的实证结果显示：中国版权保护强度总体不断增强，其中文化产业增加值与版权保护强度成 U 形相关关系，其中 U 形拐点出现在版权保护强度为 2. 945 的节点上，此时正值2003—2004年；文化产业就业人员数、人文发展指数与文化产业发展成正相关关系，互联网普及率对文化产业增加值的影响不显著。未来提升版权保护强度有助于提高文化产业的发展绩效。

可以看出，国内学者关于版权的实证研究主要有两个方面：一是版权产业对国民收入的贡献的估测；二是版权保护对文化产业发展的影响。一般认为版权产业显著促进了经济增长，应该促进版权产业的发展，重视版权对外输出工作，缩小与其他国家版权产业发展的差距。但是，对版权保护对文化产业发展的影响，应该是提高还是降低版权保护强度，则结论不一。

### 2.3.5　版权集体管理的经济分析

版权集体，也被称作集体社区，它们的行为涉及集体权利管理，在版权管理上具有至关重要的作用，尤其对于如今数字出版平台来说更是意义重大。

综合国内外经济学者的分析，他们主要关注版权集体管理的如下方面：集体管理能够降低交易成本，使创作者能有效行使他们的权利，这些权利是单个人无法行使的，从而使作品的授权使用得以充分利用；创作者出于自己的利益考虑采取的授权集体行动降低了版权使用者的成本；集体社区在一些国家具有行政垄断的特征；具有一揽子许可的经济利益与缺点；集体社区参与版税的分配；数字权利管理（DRM）

的作用及问题；等等。经济学者还重点讨论了这些集体社区组织存在的必要性，如果有必要存在，政府应如何规制它们，这属于版权实施与管理的政策问题。从经济学角度来看，集体社区是不难理解的。关于集体社区的单一问题在经济分析上并没有难度，但是把关于集体社区的众多问题汇集在一起则是很复杂的，特别是涉及版权集体管理的政策，如政府对集体社区管制的程度与数字时代版权集体管理。

集体社区是合作性会员组织，此组织依赖它们的章程，主要以俱乐部方式运营，并限制会员的数量。它们将单个会员的版权集中起来统一管理，同时创造了一个双边市场，在数字网络技术的加持下，集体社区可以说是数字出版平台的雏形。在集体社区的版权集体管理下，会员的作品授权订阅成本与监督使用成本得以共摊，这降低了每个会员的版权保护成本并降低了版权授权的交易成本。同时，版权集体管理也降低了使用者的成本，使得使用者更加容易获得多部作品的版权授权许可，在线管理使之更便捷。可以说，集体社区的产生对于版权价值的实现和运营具有重要意义，可以极大地降低版权交易成本。或早或迟，未来每部版权作品均被数字化。在现有版权法下，对于有些版权作品来说实现版权数字化是有些困难的，因为有的作者在其有生之年可能都不同意授权，这些作品将等作者离世 50/70 年后进入共有版权领域才能被数字化，未来版权技术保护措施将有效实行，版权集体管理将在技术加持下变得更加有效，因为对大量单个版权持有者来说，“一揽子”总是便捷得多。对于版权作品世界范围的价值实现，集体社区间的合作协议是重要的实施条件。这些合作协议，在某些情况下，是集体社区自己的规章（如版权代理公司的公司章程），在国外思想市场上是一种自发的市场结果，不是政策或规制的后果，这对版权对外贸易也具有重要意义。

在经济学意义上，集体社区可被看作自然垄断企业，具有高沉没成本与低边际成本的特征，这意味着很高的进入壁垒，潜在竞争者很可能不会进入市场。对集体社区实行强制竞争规制将导致交易成本上升。集体社区通常在国家领土范围内运作，在有些情况下，被视为一种行政垄断，同时也是自然垄断。大多数国外经济学者主张自然垄断不应被规制，应任其自生自灭。这就产生了关于怎样对集体社区进行规制以及多大规模的集体社区应被规制的问题。一般观点是，对大部分集体社区应进行很强的规制，无论将其视作自然垄断还是行政垄断。对“真实世界”进行经济分析，最终仍取决于自然垄断造成的社会成本与其带给整个社会的收益间的权衡。

然而，当集体社区是寡头竞合市场情形时，可以抵消自然垄断的低效率。集体社区对买方来说存在独家垄断的情形，即一种商品或服务只有单一独有的供给者，如具有国家垄断地位的唯一广播公司，是公众电台音乐的唯一供给者。面向专业学者和出版商的专业版权集体管理社区，被视作实际的学术期刊论文传播的垄断者，这是集体社区针对卖方的垄断情形。集体社区具有双边垄断的性质，意图规制集体社区垄断行为，监管机构对这种双边垄断性质应有充分认识。

集体社区所采用的许可的一般形式是“一揽子许可”。当在管理上有效率时，在经济上却未必有效率，这是另一个权衡问题。为了实现集体社区利润，存在大量的交叉补贴情形，一般由高版税作品的持有者来支付这笔费用。这些版权集体社区的会员自愿留在社区内，就说明他们认可集体社区给他们提供的版权管理服务。尽管有利于加强版权持有者间的利益联合，“一揽子许可”实质上是避免高昂的私人交易成本的有效方法。这些成本将被数字权利管理技术极大地降低。在集体社区的存续期间内，技术的发展会改变使用者与生产者之间的关系以及商业模式。如果高版税作品的持有者脱离版权集体社区，私人单独管理他们自己的版权，那么，高版税作品的持有者无疑将收取高于版权集体社区一揽子许可费的版权许可使用费，从而使该作品的广大消费者福利受到损失。使版权许可费变得更低的方法是明星作品版权持有者管理自己版权的成本比集体社区管理的成本低得多，而这在经济意义上是不可能发生的。有些观点认为，提高集体社区之间的竞争程度将更有效率，而这在经济意义上也是不可能的。

随着数字化技术的发展及其在世界范围内应用普及，集体社区所提供的服务的升级与改进是必然的。营销模式的改进在数字技术的加持下对集体社区的管理者来说将更为容易。然而，效率与公平之间的权衡永远存在。集体社区的管理对象——版权权利束会发生改变，集体社区也将兼并以进一步降低交易成本并实现规模经济，这同时也意味着垄断力的加强。

总而言之，如果不存在版权集体管理，对于个体版权持有者来说，版权的价值实现将大打折扣。在数字出版时代，更是如此。并不是版权作为一种垄断权本身是反竞争的，而是版权的使用方式是反竞争的，尤其是掌握着海量版权资源的已打造较强进入壁垒与具有市场支配力的企业，如大型传媒集团与版权管理集体社区。对集体社区的经济学分析再一次显示了竞争法的存在悖论：如果没有集体社区，将不会有版权价值的有效实现，但是集体社区趋向于自然垄断，将利用其市场垄断力损害社会福利。对于掌握巨量版权资源的集体社区进行反垄断规制应小心求证、慎重评估。

### 2.3.6　版权替代措施与对版权法的抵制

一般观点认为，版权是各种权衡的综合结果。版权是否会带来更高的社会效率取决于对市场状况的评估（复制的经济分析）、对版权法律条文的评价（法经济学）和实践中的版权管理（版权集体社区）。从理论上来说，无论版权的存在有多合理，总有一些反对版权的观点存在。

存在要求对版权法进行彻底抵制与更改的观点。这种观点认为，版权是“一套强制性的制度规范”，打着降低交易成本的口号，其实对于经济效率来说是存在争议的，而且对一些作者来说并不与其利益最大化相符。“保留部分权利”是所谓“创造性公地运动”发展的初级阶段。“保留部分权利”并没有完全否定版权，只是试图通过放弃一些权利同时保留另一些权利来变革版权制度，扩大一系列版权许可的范畴以更有利于个人使用者。采用数字版权权利管理，版权管理将变得更加便捷，但是版权保护程度将降低。这句话隐含的观点是在竞争激烈的思想市场上，创新性作品争相推出，那些按部就班寻求版权许可从而降低创新速度的作者将被远远甩在后面。有些作者更是极端，认为知识是公共品，自然不属于任何人，对知识的无偿接入与使用是进行持续创新的重要前提，这涉及“反公共地悲剧”理论。“反公共地悲剧”（“公共地悲剧”的反理论）认为，财产权是如此分散，所有权与控制权也是如此分散，以至于协调各个权利持有者间的交易成本如此高昂，从而使产权有效利用变得不可能。可以说，这产生了阻碍公众知识接入与后续创新的“版权陷阱”。然而，“创造性公地运动”的后果是进一步增加了各权利主体间协调的复杂性，即使“创造性公地运动”的目标在于使版权产品供给者有更多的弹性，给版权作品使用者提供更多的好处。可以看出，“创造性公地”社区具有些许“知识共产公社”的性质，根据其社区协议，人人都是创作者，人人都是使用者，版权仅保留人身权，版权的财产权消亡，声誉和责任是作者创作的激励，在“创造性公地社区”中，免费使用版权创作的作品不能用于谋利，否则将诉以侵权。

版权法的替代措施有市场方法与政府规制。市场方法包括先动优势、价格歧视、互补品的联合销售、版权的间接获得，政府规制包括财政补贴、设立作品评价制度、成立创作基金、授予奖励等。有观点认为，对作品授予奖励和荣誉（私人也可以提供）相比授予版权来说更有促进创新的效果。

Boldrin 和 Levine（2002）认为，契约自由与先动优势是竞争性思想市场的运行基础。他们认为，无政府管制的自由竞争比产权清晰更重要，知识产权不仅意味着拥有与出售思想产品的权利，也意味着政府对权利使用的管制，这就导致社会的非效率行政垄断，知识产权被叫作“知识垄断”更合适。

还存在一种反对版权的观点，认为版权并不是对创作者的激励，而是对出版商商业利益的保护。Towse（2006）认为：第一，企业组织与私人创作者相比明显占据市场优势地位，创作者的价值实现是从属于市场的；第二，相比金钱回报，创作者更加追求同行的肯定和认可，声誉才是创作者真正的创作动力。创作者从版权得到的利益中，作者的人身权、保护作者名誉的道德权与他们作品的完整性是重要的因素。Towse 的观点表明，相较于权威的创作者，平庸的创作者并没有因版权而获得更多收益。

### 2.3.7 版权经济分析小结

综观长达两个世纪的对版权的经济分析，概括来说，社会在鼓励创新者与发明者的问题上大致有几个解决方法：直接通过政府或私人赞助奖励他们，或者让市场自发解决。如果采用后者，通过设计创造和传播作品的激励使创新者获得充足的报酬，那么政府干预是必要的。每项制度都有优缺点，并且每项制度都是权衡的结果。帕累托最优状态只是一种理想状态。

关于版权的经济学研究成果主要是西方学者的。这种研究状况不仅是“经济学帝国主义”的反映，也是国际范围内版权价值实现活动的反映。大部分文献讨论的是财产权，关于道德权或表演者权的文献很少。大部分版权经济分析文献是关于版权的效率方面的，忽略了版权的公平方面。如福利最大化、交易成本最小化、财产权都是效率方面的经济概念。版权的公平方面包括版税制度与版权制度成本的分担，即由谁支付版权管理费用与监督和保护费用，如法庭诉讼费；作者、出版者、表演者、其他权利持有者之间的版税和其他收入应如何分配，这些问题没有被充分讨论。现在经验研究日益增多，它们大多是关于版权非授权使用对出版商商业利益的影响，而忽略了对创作者的影响。

那些支持版权制度的观点认为，如果没有版权，创新性内容的生产将大大减少，创作多样性将减少，创作者将遇到创作经费困难。那些否定版权的观点认为，版权导致对消费者和后来创作者的剥削，掌握巨量版权的大公司垄断力的加强，阻碍了文化的发展和文化多样性。大多数经济分析观点是比较中庸的。有观点认为，版权是一种寻租工具，版权的存在曾经是有意义的，但随着出版数字化发展，版权将消失。有观点认为，对于创作者与销售者（作者与出版商），版权实际上只有利于出版商，而不是原创作者；对于版权资产的过度依赖使出版者在创新商业模式方面表现迟滞。

对版权法经济分析的普遍观点是，版权法是各种经济势力的博弈均衡：对创作的激励与对现存创作物的接入之间的成本与收益的权衡（以作品定价形式和版权转让许可形式）。通常，当版权作品实际数量同时满足静态与动态效率时，社会福利最大化才会达到。关于数字化效应问题，经济模型分析很少，主要采用的是管理学或案例研究方法。制度分析法是分析版权的重要方法，因为版权是智慧财产权，本质是产权，产权是制度分析的核心内容。

版权推出三个世纪以来，政府补贴或荣誉奖励机制能对原创者提供必要的激励，出版商的先动优势是他们参与思想市场生存竞争的保护，这些已被重复讨论。在如今数字出版时代，是否存在一个适宜的电子商务模式，以在没有版权的情形下，还能保持文化产品的充分供给（虽然可能不是数量最优的），同时能产生对创作者的充足回报，是值得思考的问题。一方面，整个文化创意产业已经依赖版权如此长时间，版权已成为文创产业运营的重心，很难想象没有了版权，世界将会变成什么样，这种情形被称为“制度依赖”，也就是“版权锁定”，将会产生放弃版权的制度成本。这不仅适用于版权产品的创作和传播，也适用于集体和私人创作者版税收入的分配。另一方面，适应数字出版时代的新商业模式早就产生了，证据是合法音乐下载的在线服务（数字出版平台的萌芽）的增长（Towse 等，2008）。

“创造性毁灭”指的是能适应的有竞争力的企业才能存活下来，但是创新性不足的企业应被法定版权所保护而不遭淘汰吗？（这是 Plant 早在 70 年前就关注的问题。）版权法自诞生后的 300 年间，历经几次技术革命而持续存在，经受住了录音机、无线电广播和电视、家庭录像机与复印机、互联网、移动互联的冲击，基本原则内核仍保持不变。但是创作主体是谁，他们创作了什么形态的版权作品，公众怎样获得对作品的接入，则随着技术的变迁而发生改变。所谓的文化创意产业在版权的加持下得到蓬勃发展。设想没有了版权，世界将会怎样？这是版权哲学最基本的问题，是出版伦理的核心问题，存在有版权和无版权两个世界。在此提出问题，在人工智能时代，版权会自然消亡吗？“创造性公地运动”是萌芽吗？类似的情形在竞争法中也存在，即存在垄断与完全竞争两个市场。然而，版权法和竞争法的根本区别在于，版权法造成的垄断是被政府支持的合法垄断，而竞争法规制的垄断是由市场力量引发的垄断行为。版权价值需要通过市场机制来实现，但是市场怎样运作，如何利用版权所有权打造“进入壁垒”，可以被竞争法所规制，却不影响版权存续。如上所述，版权法的大部分侵权行为在于版权的非法使用，原创作者，除非他是有影响力的权威，大多数情况下并没什么谈判力或对于版权作品使用的控制力。

经济学的研究脉络可分为两支：理论分析和实证分析。关于版权法经济分析的大部分文献是关于理论方面的，主要采用新古典经济学、制度经济学、法经济学分析方法，主要应用于以版权为基础的文化创意产业组织、创作者与出版商的利益关系，以及版权集体管理方面。对相关从业人员来说，这些理论分析有些晦涩抽象，但是对于我们认识图书出版行业是必要的，因为图书出版行业是主要运营版权产品的行业。版权资产是出版企业的核心资产。Landes 和 Posner（2002）应用实证分析得出应支持无限期的可更新的版权的结论。关于“究竟是什么因素在推动创新”“创作者究竟通过版权能挣得多少收入”“他们最少需要挣得多少才能继续进行创新活动”“版权保护的期限长短是否真是出于创作者的利益考虑”“道德权利对作者来说究竟有多重要”，在数字出版时代，这些版权领域的问题需要继续探讨。

国内学者关于版权经济学的研究主要有：朱慧（2007）从法经济学视角审视版权制度，将经济学的效率标准应用于法学理论中的版权制度的分析，将版权制度“激励与接入”

困境问题归结为创作者的激励与消费者的效用之间的均衡、代际间的激励与接入均衡以及时际上的均衡三个层次，并从版权保护期限、版权法律保护范围与版权保护执法力度三个方面定义了版权制度的内涵。其主要采用福利经济学方法分析版权最优保护程度。王素玉（2009）运用法经济学方法，研究了版权法的产权激励理论、平衡理论和价格歧视理论，认为版权作为产权仅仅是纠正市场失灵的一种可能的干预形式，是针对生产不足问题的一种重要的手段。其研究了网络数字技术对版权法律制度的冲击，提出数字网络环境下公平使用制度重构应该遵循保障作者利益兼顾社会公众利益。其认为数字网络技术的发展给集体管理组织带来了机遇和挑战，但是集体管理组织仍然有存在的必要。其讨论了数字信息时代给著作权带来的挑战以及版权扩张主义者的理论，提出了我国版权法应对数字网络技术的建议。

## 2.4 出版经济学研究综述

在当前我国的出版学研究中，经济学分析一直是一个薄弱环节。1983 年，巢峰首次将“出版”与“经济”联系起来，提出了“出版经济学”的概念。

陈昕在《出版经济学研究》（2017）一书中运用经济学研究方法对中国图书出版产业进行了系统研究，全面阐述了出版经济学理论框架，是出版经济学的集大成者。在《出版经济学研究》一书中，他以出版产品的经济特性为研究逻辑起点，从供给和需求角度分析中国图书出版业市场的形成机制。他在 20 世纪 80 年代末就非常敏锐地指出，从 1986 年开始中国图书市场已经从卖方市场转变为买方市场，但是书价仍然居高不下的原因在于图书出版业新的竞争组织缺乏，同时居民对图书需求弹性依然较小，书籍种类和数量的增多，使得买方信息搜寻成本上升。针对这些问题，陈昕提出需要通过建立图书销售代理制来推进出版发行体制改革。陈昕运用现代经济学的基本理论和分析方法，对中国出版产业发展各阶段形成的内在机理作了系统分析，梳理和归纳了中国图书出版产业存在的诸多问题和矛盾，并在一个统一的框架内给出了系统性的解释。陈昕对数字网络环境下传统出版社的转型发展这一出版热点作了经济学分析；通过建立图书供给需求模型，论证了在数字网络环境下，数字出版的边际成本趋近于零；在此基础上，进一步论证了传统出版与数字出版融合并向数字出版转型的必然性。

周蔚华（2005）在其开创性著作《出版产业研究》中结合国内外出版的历史和现实，综合运用经济学、管理学以及传播学研究和发展的最新成果，以新的理论视野对出版产业尤其是图书出版产业进行全方位的经济分析，填补了从产业角度对出版业进行研究和分析的空白。《出版产业研究》从信息经济学和产业经济学的角度，运用现代产业经济学的理论和方法，对出版产业在现代产业体系中的定位、出版的功能和特性、出版产业结构和产业组织、出版产业的集中度、规模经济和出版的集团化等进行了深入细致的研究分析。该书认为，出版的产业功能历来被研究者所忽视或否认。对出版的产业定位的分析说明，出版产业是现代信息产业的一个最重要部分——信息内容部分，在现代经济中发挥着重要作用，它是生产力的关键因素，是现代社会的核心资源，是社会财富，它减少了交易成本，推动了经济发展和社会进步。该书运用西方微观经济学分析框架，如供需论、市场论、市场失灵和外部性，以及产业组织理论 SCP（Structure - Conduct - Performance，结构—行为—绩效）分析范式等分析了中国图书产业情况。该书分别从管理变革、科技革命和全球化的角度对它们对出版产业的影响以及与出版产业发展的关系进行了考察分析；继而分别从宏观和微观的角度对中国出版产业的变革、发展、管理、创新等问题进行了分析研究，提出必须转变增长方式、创新是发展的源泉等观点；最后总结了著名的"中国出版产业发展的十大趋势"。

罗嗣泽（1985）在《出版经济学引论》一文中，认为"出版经济学是研究经济与出版这两者之间的关系的一门学科。一方面，它是从经济学的角度来研究出版这一特定部门的学科，因此它是经济学中一个重要的部门经济学，同工业经济学、教育经济学等处于平行的地位。另一方面，它是研究出版中的经济问题（出版投资的经济效益问题）的学科"，因此它又是出版学中的一个重要的分科。它是出版学和经济学的交叉学科，是一门崭新的边缘学科。”“系统论是出版经济学最基本的方法论之一。”“出版经济学首先是研究出版投资的社会经济功能的科学，其次是研究出版中物质（出版物）生产层次的经济效果的科学。”

罗嗣泽（1985）总结了出版经济学的内涵和外延，如图 2－1、图 2－2 和图 2－3 所示。

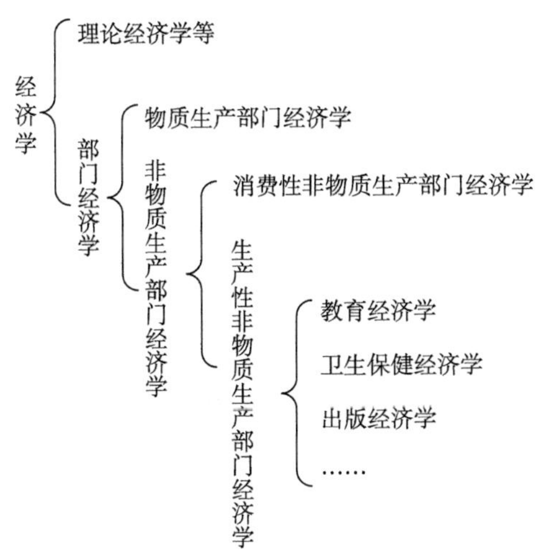


**图 2－1　出版经济学在经济学中的地位**

吴赟（2022）在《出版经济学：学理分析与现实观照》一书中，以图书出版业、数字出版业、出版市场的“价格战”为分析重点，考察了当代中国出版价格体系的历史演变和中国出版物市场价格现状，具体包括中国出版物市场价格变动的总体情况及特征、中国数字出版物市场价格的现状及特征、中国出版市场的“价格战”及其负面影响，继而对

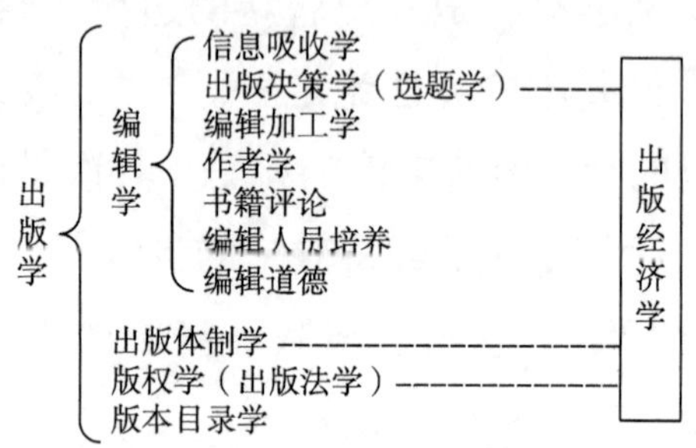


**图 2-2　出版经济学在出版学中的地位**

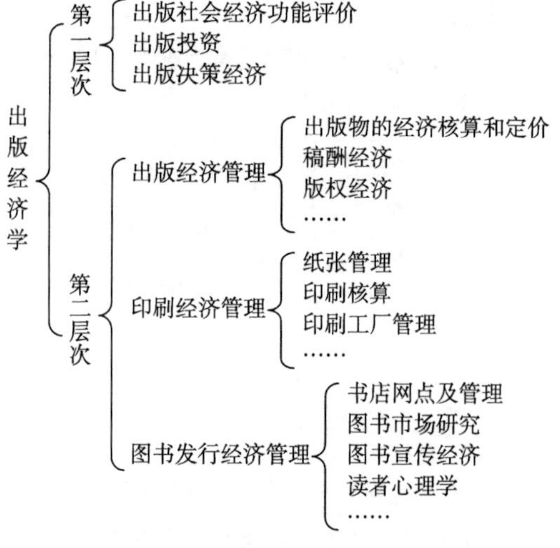


**图 2-3　出版经济学的内涵**

当代中国出版价格体系进行评价，对中国现阶段出版价格体系的不足和弊端进行分析；在此基础上，从政治经济学视角对中国出版物价格体系与定价机制改革的总体背景——当代中国出版业转型变迁进行考察；最后，对中国出版物价格体系和定价机制改革的路径与策略进行分析，并提出建议。

综上，关于出版经济学的代表性著作，大多将纸质图书产品市场作为研究对象，大多运用西方经济学分析框架进行出版产业分析。但是，随着网络技术及人工智能技术的应用和发展，图书，无论是纸质书还是电子书形态，像新能源车相对于传统燃油车，都已不是纸质机械化印刷时代的图书，而是数智版权思想产品。因此，本文拟采用微观经济学、网络经济学、新制度经济学分析方法、法经济学方法等对出版物、出版业、出版的经济效果、版权，尤其是出版质量等出版现象进行经济分析，试图对当今的出版生产关系调整与改革以促进出版新质生产力的发展提出有价值的建议。

## 2.5　动态企业理论研究综述

### 2.5.1　动态企业理论概论

#### 2.5.1.1　动态企业理论的产生

动态企业理论是当今微观经济学与管理学的前沿领域。动态企业理论的兴起，有其理论渊源和现实基础，直接和主流经济学及现代企业契约理论的缺陷有关。新古典理论在“需求—供给”框架下采用均衡分析方法，局限于静态分析，而以新制度经济学为基础的主流企业理论没有完全跳出均衡分析范式的窠臼，尽管在一定程度上克服了新古典理论的静态缺陷，但至多只能说是比较静态的企业理论。主流企业理论的缺陷削弱了这些理论对现实的解释能力。

新古典经济学严格假设市场是完全竞争的，不存在进入壁垒，企业都是既定价格的被动接受者；在长期均衡中，市场是出清的、有效率的：企业的行为是完全理性的，信息是充分的，因而有一个完全确定的对未来的预期。这样，企业被抽象成了一个“黑箱”，是一个将生产要素投入转化为一定的产出，以追求利润最大化为目标的专业化生产组织，企业成长的动力和原因就在于对规模经济和范围经济的追求。企业的成长取决于外生变量，即给定的技术、成本和市场条件。企业在边际成本等于边际收益（市场价格）的状态下运行能达到帕累托最优效果。显然，新古典企业理论抓住了企业的一个重要特征，即企业具有生产功能，但只是简单地将企业视作一个生产函数，未能认识到企业所扮演的社会角色以及企业内部或企业与外部的联系问题。新古典企业理论把企业看作同质的，决定企业的活动边界和生产率的变量是外生的，严格的“需求—供给”分析框架是静态的，这样企业自身的能力问题被完全忽视了。

必须承认，主流企业理论在一定程度上打开了新古典经济理论的企业“黑箱”。科斯认为，由于市场交易存在诸如签约、监督相关的交易费用，因而有必要形成一个替代性的组织——企业，并允许由企业家权威来支配资源，从而达到节约上述利用市场机制所产生的交易费用的目的。在主流企业理论看来，企业组织是市场机制的替代物；边际市场交易费用与边际组织协调管理费用相等的均衡水平确定了企业组织的最优边界；企业成长的动力就在于节约市场交易费用。按照科斯的逻辑，市场发达程度越高，则企业成长的动力越低。然而，这一结论与现实明显不符，因为现实中通常是市场发达程度与企业成长成正相关关系。节约交易费用虽然是企业存在的必要条件，但科斯把这一必要条件当成了充分条件，注意了企业的交易性，忽略了企业的生产性，遭到了很多学者的批评。

科斯之后，新制度经济学家威廉姆森、克莱因、格罗茨曼和哈特等试图从不同侧面进一步完善和发展交易成本理论。威廉姆森从资产专用性、不确定性和交易效率三个维度定义了交易费用，在此基础上提出了企业边界确定的原则，认为企业是一种连续生产过程的纵向一体化的实体。克莱因等人则从契约的不完全性和资产专用性出发对“要挟”理论和契约自我履行机制作了进一步分析。格罗茨曼和哈特通过强调资产所有权的重要性，进一步揭示了企业纵向一体化对节约交易成本的重要作用。

以新制度经济学为基础的主流企业理论虽然对新古典理论提出了挑战，但它并没有跳出新古典理论均衡分析范式的基本框架。科斯的中心论点——在存在交易费用的条件下，企业产生于对价格机制的边际替换——仍然是以市场均衡论为基础的。无论是威廉姆森的交易费用经济学，还是克莱因的不完全契约理论以及格罗茨曼和哈特的资产所有权理论，实际上都不过是在市场均衡范式中做的一些局部修正。这样的企业只是在不确定性条件下的同质企业，企业的成长力量是外生的。据此，把现代主流企业理论归为静态理论，充其量算是比较静态理论，应该说这一归类是恰如其分的。

动态企业理论的形成克服了新古典理论的静态分析范式的缺陷，扬弃了现代企业契约理论的比较静态分析范式，开创了对企业进行动态分析的先河。动态企业理论源于约瑟夫·熊彼特（Joseph Schumpeter）的创新理论，以伊迪丝·彭罗斯（Edifh Penrose）的《企业成长理论》为形成标志。

彭罗斯继承了熊彼特的创新思想，写出了动态企业理论的“开山之作”。纳尔逊（Nelson）和温特（Winter）的经济演化理论则为动态企业理论的进一步发展提供了重要的理论基础。企业制度变迁学派从企业的组织结构和制度层面探讨企业的演化成长，而动态能力理论揭示了企业演化成长的内在动力，网络组织理论揭示了企业在知识经济条件下的特点和发展规律，所有这些理论成果，把动态企业理论的研究推向了新的高度。

#### 2.5.1.2 国外学者对动态企业理论的研究

（1）熊彼特的创新理论

熊彼特是新古典经济理论兴起之后恢复企业在经济理论

中主动地位的第一个经济学家。他在《经济发展理论》日文版序言中写道，把经济体系“从一个均衡推向另一个均衡”的不仅仅是外部因素，“在经济体系内部存在着自动破坏可能达到的任何均衡的能量源泉”。他认为，资本主义是“一个进化过程”，一个“非连续历史跳跃”的过程。“资本主义就其性质来讲是经济变动的一种形式或方法，不仅不是，而且也永远不可能是静止的”。他认为，资本主义的本质特征就是创新，创新是“企业家对生产要素的新的组合”，是一个“创造性毁灭”（Creative Destruction）的过程。他对竞争过程的基本性质予以重新定义：实质性的市场竞争不是价格竞争，而是创新竞争，后者较之前者，“其效力之区别就像大炮狂轰与徒手推门之间相比”。

熊彼特的创新理论可以说是现代经济学中的一大飞跃。他的“创造性毁灭”“非连续历史跳跃”的观点显然与边际替换概念不相容。他的经典之作让我们明白，以企业为主体的创新是经济演化的发动机，企业具有超越外部经济条件的自主能力，而且能够塑造市场条件。当然，熊彼特的理论框架显得宽泛，而把创新主体囿于企业家也招致非议。但瑕不掩瑜，他的创新理论为后来学者研究动态企业理论提供了思路。

（2）彭罗斯的企业成长理论

美国经济学家彭罗斯发表于 1959 年的《企业成长理论》，是一部继承熊彼特传统从经济学角度通过研究企业内部动态活动来分析企业行为的“开山之作”，也是“基于资源的企业观”和企业能力理论的奠基之作。

彭罗斯通过建构“企业资源—企业能力—企业成长”的分析框架，揭示了企业成长的内在动力。彭罗斯在《企业成长理论》中提出了一个深刻的问题：在企业的本性中，是否存在什么内在的力量，既促进企业的增长，又必然限制企业增长的速度？这个问题本身及其回答就是对新古典经济均衡论的颠覆。彭罗斯把企业定义为“被一个行政管理框架协调并限定边界的资源集合”。她认为企业拥有的资源状况是决定企业能力的基础，由资源所产生的生产性服务发挥作用的过程推动知识的增长，而知识的增长又会导致管理力量的增长，从而推动企业演化成长。她认为，组织学习和知识积累能提高企业的资源积累率，而资源及其服务的积累又为组织学习创造了条件。彭罗斯特别强调团队作业的经验积累，认为它是企业的组织资本，起到推动企业内部合作和协调的作用。基于此，她提出管理团队是企业最有价值的资源之一，这一资源决定了企业的管理能力。彭罗斯还认为，企业内部总存在着未利用资源，这成为企业创新能力的重要来源，因此，创新是企业的内生过程，创新能力对企业成长具有至关重要的作用。

彭罗斯在继承熊彼特传统的基础上，跳出了新古典理论的均衡分析框架，把管理功能作为企业成长的解释性变量，把知识的增加定义为基于内部资源的企业成长的主要动力，为当代动态战略管理学奠定了理论基础。

（3）纳尔逊和温特的演化理论

纳尔逊和温特的《经济变迁的演化理论》是现代演化经济学的奠基之作。他们在著作里提出，动态演化的企业和作为自然选择的市场机制是影响经济变迁的两个关键机制。

为了克服正统经济学的局限，重构经济学的微观基础，纳尔逊和温特建构了一个关于企业能力和行为的演化模型。他们认为，企业的基本特征是它具有一系列的“惯例”（Routines）。惯例是“一个组织的技能的集合”，“它可以是指整个组织中重复的活动方式”，即企业在运行中逐渐形成的行为方式、规则、程序、习惯、战略和技术。企业的惯例有三个：①标准的操作程序（特定的生产技术）；②投资行为（企业是扩张还是收缩）；③搜寻行为（发现新的技术）。其中，选择和搜寻是两个关键的要素。搜寻是企业的创新行为，给定一个创新流，选择环境的重要性就凸显了，市场是一种选择环境，市场制度是培育创新的进化系统。可见，在纳尔逊和温特的理论框架里，企业是动态的，永远处于搜寻和发展之中。纳尔逊和温特的经济演化理论为新的经济理论大综合，尤其是为动态企业理论的发展奠定了理论基础。新古典综合派在解释经济变迁的动态过程和经济增长的驱动力方面捉襟见肘，而经济演化理论却能弥补这些缺陷。

当然，经济演化理论也面临很多挑战。该理论在逻辑性和完整性方面有所欠缺，特别是在运用生物学理论解释经济现象时，漏洞是明显的。纳尔逊指出了两点：一是在理解经济变迁和技术变迁的时候，我们找不到和生物基因机制对应的经济机制。生物基因朝着有利于其生存的方向演化，也就是有其目的性。但在企业中，虽然经理人员的决策有其目的性，但职工的创新往往是无目的性的。二是来自制度方面的挑战。生物的进化有个相对隔离的环境，而演化经济学在研究创新以及技术创新时，不能忽略制度对技术变迁及创新的影响。

（4）企业成长的制度变迁理论

对企业成长制度变迁理论的探讨，威廉姆森主要从理论思维角度阐述了企业成长过程中组织结构的演变和组织形态的效率；钱德勒则从历史和宏观的角度切入，认为从组织制度上可以把企业分为古典企业和现代企业，由古典企业转向现代企业的这种制度变迁不仅对企业成长意义重大，而且对社会经济体制的变革也具有决定性的作用。诺思也持相同的观点。他认为，工业革命不能简单地理解为只是一场以技术革命为主的纯技术创新浪潮，本质上是一个以产权制度创新为基础的法治社会的建构过程。制度变迁理论从另一个维度来探讨企业的演化成长问题，对企业的制度创新具有重大的理论意义，但它重制度轻技术的倾向不能不说是其重大缺陷。

（5）动态能力理论

对组织能力的关注源于彭罗斯的企业成长理论。经济学家理查德森（Richardson）受彭罗斯的启发，在《企业组织》一文中首先提出了企业能力概念，认为“能力”（Capabilities）是企业的知识、经验和技能，企业倾向于专门从事其能力可以带来比较优势的活动。普罗哈拉德（Prahalad）和哈默尔（Hamel）提出，一个企业的长期竞争力来自这样一种能力：以比竞争者更低的成本和更快的速度开发具有差异性的创新产品。企业是一个能力体系或能力的集合，企业能力最终决定企业的竞争优势与经营绩效。而在超级竞争（Hypercompetition）的背景下，企业持久竞争优势的源泉是企业的核心能力，即企业内嵌化的具有范围经济效应的知识与组织技能。

动态能力理论是当代战略管理领域迅速发展的一种理论。基于核心能力的刚性局限，该理论集中探讨企业组织能力的演进与竞争优势之间的核心关系，并把组织能力看成企业竞争优势的根本源泉。动态能力理论里程碑式的文献是梯斯等（Teece et al.，1997）的《动态能力与战略管理》一文。在这篇文献中，作者把演化经济学的企业模型和“资源观”结合起来，提出了一个“动态能力”战略观的框架。作者强调了以前战略理论所忽视的两个关键方面：第一，“动态”即为适应不断变化的市场环境，企业必须具有不断更新自身胜任（整合重构内外部组织知识、技能和资源）的能力；第二，“能力”是指战略管理在更新自身胜任能力以满足环境变化的要求方面具有关键的作用。他们的理论框架，提出了组织和管理过程、资产状态和发展路径三个关键要素。

动态能力理论是一个正在发展中的理论前沿，当前的重点主要集中于知识、资源和能力的内生创造上。Helfat 和 Raubitschek 建构的知识、能力和产品共同演进（Co－evolution）模型，以及温特的关于能力学习的概念模型等理论成果，把动态能力理论的研究推到了一个新的高度。动态能力理论秉承了熊彼特的“创造性毁灭”的观点，强调在充满不确定性的动态环境中，内嵌化的动态能力是构建企业持续性竞争优势的保证。该理论对企业应对环境的挑战具有很大的指导作用。

（6）基于创新的公司治理理论

20 世纪 80 年代以来，公司治理的主流理论是股东价值论，与之相对立的是利益相关者理论。90 年代后期，拉让尼克和奥苏利文逐渐形成了第三种公司治理理论，收集在二人合著的《公司治理与产业发展》一书中。他们指出，股东理论和利益相关者理论，都把企业理解为个人之间的合约，忽视了生产率的提高和经济发展是创新型企业通过组织过程对资源加以配置的结果，合理的公司治理结构必须有利于企业的创新。他们关于公司治理的主要观点是，如果一种公司治理结构的体制能够支持创新企业，它就必须提供三个制度条件：财务承诺、组织整合、内部人的战略控制。关注创新、生产、财富和价值的创造，关注促成创新的制度条件，是此种公司治理说的基本特点。

#### 2.5.1.3　国内学者对动态企业理论的研究

国内学者对动态企业理论的关注是最近几年的事情。在经历了对新制度经济学企业理论的宗尚以后，部分国内学者意识到了主流企业理论的局限性，开始回归“新古典范式”，重新从生产功能角度探讨企业组织的经济规律，并融合其他学派的有益成分，尝试从不同于新制度经济学的角度发展企业理论。动态企业理论就是这些理论努力中比较突出的一种。

王毅（2004）在《企业核心能力与技术创新战略》一书中提出了企业整合能力的概念，并指出企业整合能力是动态发展的，随着企业的发展，会经历从基本能力向核心能力发展的动态过程。该书还提出了企业整合能力内在的增长机埋，认为企业整合能力增长机理表现为构架—元素知识的动态循环，即“进化—结构化—变异—模块化”。最后，作者通过构建系统动力学模型，把企业核心能力的逻辑结构、增长机理与提高途径、运用联结成一个交互影响、动态发展的系统。

吴光飙（2004）在《企业发展的演化理论》一书中指出，企业是惯例及其结构性和连贯性维度构造的集合，企业的发展是以惯例为基础的演化过程，企业的存在在于通过演化实现了生产和交易的有效配置优势，惯例的连贯性维度、惯例的变异和保留能力、选择制度、主导逻辑、惯例集及其路径等决定了企业的边界，企业的竞争优势取决于过程及协调、组织学习、发展路径、动态产业选择制度等，战略是观念、学习和定位的有机统一，企业的演化主体解释和预测企业的专业化、多元化、垂直整合、战略联盟、虚拟的定位和发展以及业务战略和退出，惯例构造了现有和未来的组织结构形态，惯例的复杂性决定组织结构的适应性价值，组织结构适应性价值的体现是受初始效应和演化主题持续影响的一种动态过程，共同愿景、惯例集平衡管理、惯例的复杂性管理、流程再造形成了企业发展的主干性演化管理方式。吴光飙还运用演化理论的微观分析机制对交易成本经济学和知识基础观点的前提进行了解释。

周清杰（2005）在《企业“黑箱”解析：动态企业理论研究》一书中从动态研究的角度，指出了主流企业理论即新制度企业理论静态分析和比较静态分析的缺陷，在对新奥地利经济学、演化经济学和企业能力理论三个非主流学派中的相关企业理论进行总结的基础上，从动态角度分析了企业产生、企业和市场之间边界变动以及企业在迅速变化环境下的演变规律，重塑企业的生产功能，并把生产性知识、能力、演化等融入企业理论中，整合、构建了一个体系相对完整、逻辑严密的动态企业理论分析框架。

李兴旺（2006）在《动态能力理论的操作化研究：识别、架构与形成机制》一书中揭示了动态能力的识别方法、架构及其形成机制。他的结论如下：第一，企业的动态能力是可以通过一定的方法进行识别的。动态能力是通过企业适应环境变化的行为体现出来的，动态能力的识别实际上是对动态能力表征维度的识别。

第二，动态能力具有特定的构成体系。动态能力是企业为了适应环境变化的要求，所具有的洞察环境，配置与整合价值链及内外部资源，以改变或加强竞争优势的一种能力。动态能力具有特定的运作模式，并且公司动态能力与经营单位动态能力在运作模式上存在一定的差异。

第三，动态能力是更深层次的竞争优势源泉。在环境变化的情况下，无论是核心能力还是价值链活动体系，都面临变化的可能。动态能力之所以能够产生竞争优势，是因为动态能力是更深层次的竞争优势的源泉，对核心能力具有改变作用，对价值链活动具有重构或调整作用。

第四，动态能力具有独特的形成机制。在环境变化的影响下，人力资源在具有某些特征的组织资源的作用或约束下，为了实现迅速适应环境变化的目标，运用相关智力资源将企业内外有形资源、无形资源和人力资源进行有机整合，形成了企业动态能力。

汪良军（2006）在《企业成长与企业家活动分析》一书中提出了一种不同于传统企业成长的理论。汪良军认为，企业成长受企业所拥有的资源能力与企业家活动的影响。该理论与最早提出企业内生性成长的著名学者彭罗斯的区别在于，彭罗斯提出企业成长严重依赖企业所拥有的资源并且受资源的限制，可是她所提出的资源只是管理性资源的数量；她认为企业成长是由企业所拥有的管理者能够发现的市场机会、愿意并且能够开发的机会决定的，而且她的成长理论假设这些条件都成立，企业成长约束被简单地认为是由管理性资源的数量限制带来的，即彭罗斯效应。汪良军认为，彭罗斯所提出的条件不能被假设为都存在，因此，汪良军所提出的理论重在强调企业的管理者能不能够发现市场机会、愿不愿意开发机会、有没有能力实现资源与机会的匹配，即管理者是否存在企业家能力以及能否开展企业家活动。

邱海平（2006）在《基于创新的公司治理理论》一文中介绍了基于创新的公司治理理论，并运用该理论对国有企业的公司治理给予更为深刻的解释，认为下一阶段关于我国企业改革问题的研究需要重点关注基于创新的公司治理理论。

### 2.5.2　动态企业理论的基本框架①

#### 2.5.2.1　动态企业理论的基本信条、分析方法与主要假定

动态企业理论的基本信条是：时间是单向的、不可逆转的；在时间不可逆的世界里，主观因素是影响经济决策的一个重要变量，个人心智结构的差异以及由此而产生的行为差异是经济学研究中无法回避的客观存在；当历史、时间进入经济模型，主观因素成为决策的重要变量时，重要的、难以

---

①　本部分的内容主要借鉴了周清杰（2005）的分析。

消除的不确定性因素成为分析的重点；企业组织像人一样不但拥有知识，而且具有学习能力，这种学习能力推进了企业组织的演化。

动态企业理论关注企业环境的变化和企业自身对这种变化的适应、调整，关注研究这种互动过程中企业的演变过程和趋势，侧重于动态、长期分析；在长期分析体系里，此理论认为非均衡是企业运营中所面对的市场、制度环境的常态，因此，非均衡产生及变化的内在动因是该理论分析的重点，因而该理论也重视历史分析。

动态企业理论假定经济行为人是比新古典经济学中行为人的“完全理性”以及新制度经济学所强调的行为人的“有限理性”的理性程度弱的“程序理性”。程序理性指行为人在决策过程的每一阶段面对决策程序的序贯性和环境的不确定性而只能拥有的理性。这一假定表明，动态企业理论强调不确定性、知识、学习、过程等因素对行为人经济选择的限制和影响。

动态企业理论认为，在时间不可逆的、不确定的世界里，形成理性预期主观概率的基础是存在的，每个经济主体具有不同的认知结构，从而预期能力在人群中呈现出不均匀分布的特征，所以，每个经济主体作出的预期只能是合理的，而不可能是理性的。合理预期是动态企业理论的第二个主要假定，这与程序理性的假定是一致的。

在不断发展变化、充满不确定性的经济世界里，经济行为人关于经济事件（如生产、交易）的知识是不完全的，经济行为人仅具有程序理性和合理预期，无法预期未来偶然因素的发生，无法预见到某种行为的特定结果，因此，经济行为人追求的目标是现有决策（在未来才能实现）改善了自身的福利状况，而不是现有决策导致未来实现了福利最大化。

### 2.5.2.2 动态企业理论意欲解决的主要问题

关于企业存在的经济理由，动态企业理论认为，企业的产生不仅是节约交易成本的结果，而主要是因为企业的创始人或缔造者（即具有创新意识和能力的企业家）发现了市场机会。这一商机需要通过企业组织这种协作式生产方式来实现。一旦企业家获得了企业生产所需要的生产要素和其他相关资源，企业就会随之产生。

关于企业的边界，也就是企业的“制造还是购买”决策问题，动态企业理论认为，企业的边界问题更多是由企业的生产能力决定的。对于企业需要但自己不能生产的东西，企业只能从市场购买；对于那些自己需要而市场上没有的东西，企业只能自己生产，或先进行研发，以图在未来能自己生产。只有在自己已具备了这种生产能力，且市场同时也能提供这种能力或产品的前提下，才需要用新制度经济学所认定的交易成本来决定企业的边界。然而，还需考虑长期背景中的动态效率问题，这涉及企业的发展战略。

关于企业的演化，动态企业理论认为，企业的演化是企业核心能力不断演化的结果，也是市场环境不断选择的结果。企业的核心能力来源于企业组织以及企业成员所掌握的意会性知识，这是高绩效企业保持持续竞争优势的内在根源。而企业运营所处的市场环境则是企业演化的约束条件，企业能力的高低是通过绩效表现出来的，市场竞争将淘汰绩效低的企业，让高绩效企业获得更多、更好的成长机会。

动态企业理论的关注还包括企业的创新、意会性知识的管理、企业家精神的知识基础等诸多问题，受篇幅所限，在此不再赘述。

## 2.6　出版业高质量发展研究综述

田方斌（2023）将“社会效益”“产业体系”“创新发展”“协调发展”“绿色发展”“开放发展”“共享发展”作为评价出版业高质量发展的基本框架并设为 7 个一级指标，选取“优质产品与服务供给能力”“产业贡献率”“新技术运用程度”“主营业务竞争力”“国际出版影响力”“绿色印刷比率”“国民阅读比率”等 32 个指标作为二级指标，并由此构成两级评价指标体系。然后从建立社会效益与经济效益相统一的评价机制、提升优质产品和服务能力供给、加快推进出版业深度融合发展、加快出版治理体系和能力现代化建设、加快提升国际出版传播能力、加强贯通全产业链骨干队伍建设等方面提出对策建议。

周蔚华和张艳彬（2023）依据中共中央、国务院印发的《质量强国建设纲要》所提出的“增强质量发展创新动能”“树立质量发展绿色导向、强化质量发展利民惠民”的要求，提出推动深度融合以实现产业价值链延展和技术引领、提供高质量出版产品与服务以实现供需适配并引领自主知识体系建构等实践路径。

周蔚华（2019）认为，在质量管理方面，朱兰及其质量管理理论被我国出版界长期忽视。其扼要介绍了朱兰质量管理相关理论，并结合我国出版业的实践案例得出朱兰质量管理理论对提升我国出版质量的启示。

范军等（2024）认为，对于新质生产力推动出版业高质量发展，应突出“新”“质”“力”这一重点，扭住发展动力之变、效率之变、质量之变这一关键，找准人才支撑、智能工具、新型对象这一着力点，因地制宜，因“业”制宜，加快推进出版业生产经营方式转变，提升出版业整体实力、竞争力、影响力。

刘永红（2020）认为，中国学术著作出版高质量发展需要遵循内容逻辑、规范逻辑与评价逻辑。相应地，这三种逻辑为中国学术著作出版高质量发展提供了内容进路、规范进路以及评价进路三种进路，即选题评审严把学术著作出版内容关、出版规范提升学术著作出版标准化与国际化、学术著作评价引领学术著作出版。

方卿（2024）从创新、协调、绿色、开放、共享五大新发展理念对出版业高质量发展目标建构的规定性出发，逐一分析了出版业创新发展、协调发展、绿色发展、开放发展、共享发展的基本内涵与目标维度，定性地建构起新时代我国出版业高质量发展的目标向度。方卿和张新新（2024）认为，创新发展是基于新发展理念的出版业高质量发展目标的第一向度。出版业的创新发展，一是要推动出版管理体制机制创新，提升出版治理效能，促进出版治理体系现代化；二是要推动出版运行机制创新，构建文化特色鲜明的现代出版企业制度；三是要推动出版要素集聚创新，提升出版新质生产力，形成政府引导、市场导向、产学研用相衔接的出版协同创新体系。方卿和王一鸣（2024）论述了出版事业和出版产业的协调发展、传统出版和新兴出版的协调发展、出版发展和出版治理的协调发展三大核心维度、六个领域的逻辑关系和具体内容，为开展出版业协调发展目标考核提供了依据。方卿和丁靖佳（2024）构建了由资源配置、印刷复制、阅读消费、绿色发展机制、绿色发展理念五个维度组成的出版业绿色发展指标体系，形成了出版业绿色发展的概念模型。方卿和刘叶萍（2024）认为，出版业开放发展的具体内容和评价要素可以概括为“一体两翼”。“一体”是以制度型开放战略为基座，通过建章立制，实现市场体系的统一性建设和国际化接轨。“两翼”指分别以外向型开放和内需型开放为载体，一是面向国际传播强化内容、渠道、能力建设，挖掘对外开放深度，以有利的增效结果确保出版业深入国外市场；二是基于创新导向发力生态建设、比较优势、风险屏障，拓宽对内开放广度，以良好的溢出效应支持出版业繁荣国内市场。方卿和何珊（2024）在阐述出版业高质量发展“谁来共享”“共享什么”“如何共享”“如何推进”的共享发展内涵基础上，围绕推进全民阅读活动、保障特殊群体基本阅读需求和提升乡村阅读服务水平三大核心内容，提出了出版业实现共享发展目标的核心举措。

可以看出，关于出版业高质量发展的已有研究大多基于出版学科视角，侧重出版实践领域，理论方面尤其是经济分析方面相对薄弱欠缺。因此，本书拟从经济学视角进行研究，通过为出版业高质量发展进行经济理论基础构建，试对出版业这一集意识形态属性、文化属性、产业属性于一身的特殊服务业的行为作出解释，在此基础上对出版业实现高质量发展提出政策建议。

# 第3章 思想市场的经济分析

## 3.1 作者与版权

编辑是思想市场中读者和作者的代理人。作者是思想产品的供给者，编辑的作者工作是出版工作的关键部分，直接影响选题策划能否顺利实施，直接决定了思想产品的质量。所以，对“作者”内涵的理解很有必要。

随着出版生产力的发展和知识生产的分工细化，出版社成为思想产品生产的组织者，作者将遵从出版社的组稿要求，成为出版社选题策划的具体执行者，作者将日趋与编辑合而为一。但是，重要的不是拘泥于作者和编辑的工作差异，而是思想产品供给者的功能该如何发挥。

作者为什么要写作，问题的关键并不在于驱动创作行为的本能和情感，也不在于将某一主体用语言表达。作者的创作行为真正被关注的主要是创作开辟出一角天空、一方净土，也就是作者独特的写作风格，作者独有的叙事方式，作者的写作自成秩序，作者忘我地沉浸在其构建的精神世界中。

将作者置于社会文化中，印在书籍封面上的作者名字，代表着此书稿与其他书稿的边界，宣示着对书稿文本的主权。这种主权即版权。福柯在《作者是什么》中写道："在我们的文化里，话语最初并不是一样物件、产品或占有物，而是处在神圣与世俗、合法与非法、虔信与渎神等两极领域中的一种行动，其他文化里的情况无疑也是如此。"话语是思想的表达，区别于具体物质形态的实物，是精神层面大脑活动的产物。对话语授予版权，它才能被物质形态化，成为具有价值的财产，才能在流转中得到财产收益。版权是对作者的保护，是对其他作者越界行为的惩罚，是对写作这种创造活动风险的补偿。

综上所述，版权使作者创作的精神层面的话语表达物质形态化，成为可以交易并获得收益的财产。版权制度是出版生产关系的基础制度，是对作者创作活动风险的补偿，更是作者获得声誉的奖赏。出版单位要推出高质量有价值的思想产品，就要深刻了解思想产品的供给者——作者；编辑要做好作者工作，就要理解版权制度。以下，本书将利用产业组织理论对版权的经济性质作一简略分析。

## 3.2 版权的经济分析

根据社会福利最大化原则，需要对版权这一出版生产关系的基础制度对社会福利的增进与由于其本身垄断性对思想市场竞争程度的影响进行权衡，即由合法垄断权而获得超额利润所造成的社会成本与促进知识累进创新而获得的社会收益相权衡。如果得到一个正的最大化福利解，那么这个解就是版权保护与版权滥用的界点，亦是出版生产关系调整的界点。学界普遍认为，版权是国家为了激励作者创作而授予其一定时期内的合法垄断权，属于一种静态非效率。但这只是一种静态层面的理解。从动态层面看，版权的实质不仅是为了刺激创作者创作出新思想产品，更是为了促进知识的累积创新。何为知识的累积创新？思想市场的竞争是一种垂直型竞争，更具有思想原创性和新颖表达的新版权产品将使旧版权产品丧失价值，争得思想市场的垄断利润，在此创作者和出版者变成了熊彼特式的富有动物精神的思想企业家，这样就大大促进了思想市场的竞争，不断扩大人类认知的边界，这是一种动态意义上的效率。以下将回顾版权本身垄断性引发的社会成本（版权的垄断性对版权产品出版功能发挥的影响）并简略分析版权制度对知识的累积创新的影响，试图得出一个理论上的最优解，即对版权的保护在多大程度上是适宜的。

### 3.2.1　版权的垄断性

版权是在思想市场上赋予思想产品供给者的一定程度的垄断权，意味着思想产品的超额利润，不仅是对原创者的创新激励（包括因为创新所能获得的声誉和经济收益），更是对同类思想产品竞争者的激励，一代代思想产品供给者出于对超额利润的追逐而进行创新竞赛。这促进了知识的累积创新，促进了思想产品出版功能的发挥，从而实现了社会总福利的提高。但是版权本质是一种垄断权，版权利益相关者利用版权实现对思想市场的垄断，阻碍后续创新，这种可能性也是存在的。所以，在激励创新行为与对现存作品的利用方面，对于设计正确的激励机制，探讨版权保护与版权滥用的分界是必要的。版权提供了对思想产品的同质保护，但这些思想产品在出版质量与创作者的创作成本上是分布不均匀的，存在明显差异，因此版权是对于创造性活动的一个比较笼统的激励机制。对于一个有效的激励机制来说，此机制必须保证创新性强和创作成本高的高质量、有价值的思想产品可以得到竞争性垄断利润，否则思想产品供给将无效率。值得注意的是，版权并不保护思想，只保护思想的表达方式。对于同等思想创新水平不同表达水平的思想产品，如果版权保护过度的话，低表达质量的思想产品将被大量生产出来。对于不同思想创新水平的思想产品，应相应授予不同程度的版权保护。根据朱慧（2007）提出的设置版权制度的多重维度，包括版权期限（版权保护时限）、版权保护范围（对哪些类型的思想产品授予版权保护）与版权执行力度（版权法执法严格程度），不同思想创新水平的思想产品的版权保护维度也应不同。这只是一种理论上的理想状况。现实与此相反，对于具有原创性思想内涵的高质量思想产品，版权却授予与平庸的思想产品同样的保护，我国的期限为作者有生之年加死后 50 年，美国为 70 年。对于激励知识累积创新目的来说，版权显然是一种保护过度的条款。

同样，对于先前出版思想产品的版权垄断所造成的后续创作者的创造成本也没有考虑。因为任何创造性活动都是一个累积的过程，后人站在前人的肩膀上进行创造，昨天的思想产品是今天思想产品生产的投入和养料，先前出版思想产品的数量提高了后续创新者的成本，给后续创作者设置了思想市场进入壁垒，将一部分思想产品供给者从思想市场中淘汰出去。

最后，存在与版权相关的管理成本，如与版权集体组织的建立与管理相关的成本，以及法律执行成本与打击盗版成本。这些成本经常被忽略，但是它们对思想市场运行具有很大的影响。有时候，版权的实施取决于版权持有人补偿这些成本的能力，因此竞争过程被这些成本的存在所影响。

如果将上述成本包含在版权垄断性的评估中，短期福利影响是不同的。在一些情形中，思想产品供给可能是负的，版权激励制度无效。

### 3.2.2　思想市场的竞争

在思想市场上，思想产品供给者的竞争是熊彼特式的创新竞赛，思想市场不断生产出新的思想产品，旧有的作者创新激励与公众接入的均衡随着出版生产力的变革被打破。预期创新利润（声誉及经济利益）的激励，使得思想市场的激烈竞争的最终结果是“赢者通吃”，这是一个无止境的持续过程，思想市场会产生出版质量最高的思想产品。

然而，“理论很丰满，实证很骨感”，经实证检验，以上思想市场竞争模型并不适用于出版业。Shapiro（2000）揭示了，对于信息产业来说，版权授予的垄断力能够被策略性地加以利用，以维持或加强在思想市场的垄断地位。大多数信息产品市场遵循一条不断向头部集中演进的路径，无论国内还是国际范围均如此。思想市场的动态性能被思想产品供给者的规模经济与范围经济，以及思想产品需求者的网络外部性所解释。但是版权的排他性和与之相伴的自反馈加强效应强化了版权持有人的思想市场支配地位，并激发了思想市场的并购行为。

出版质量竞争及巨大的思想产品生产沉没成本，刺激了对高质量思想产品的需求，并提高了思想市场潜在思想产品供给者的进入门槛。版权持有人利用版权所授予的合法垄断权来加强思想市场垄断力量。如果将思想产品的质量竞争与受版权保护思想产品的固有低替代性结合考虑，将形成一个独特的出版竞争环境，竞争在此是不完全的。

### 3.2.3 思想市场的版权策略行为分析

版权是图书产品供给者在市场上赖以生存的“法宝”，

版权经营策略是图书产品供给者的主要竞争策略。可以看出，这句话隐含着思想市场是竞争性的假定。也就是说，版权产生的垄断是暂时的，短期内就会消失，而创新竞赛在每一轮将以竞争性方式重新开始。版权制度以授予垄断权的方式激励创新，激励高质量思想产品的生产，版权权利人采取维持加强垄断的策略性行为是合理的。然而，此对称性假设并没有被证明，还具有一定的误导性。但是这种维持加强思想市场垄断力的行为不能被自动认定为违反了反垄断法，因为这种行为发生在竞争已被限制的领域。完全竞争的思想市场只是历史偶然，支配性思想产品供给者的存在往往是思想市场失灵的结果，这种市场失灵本身是由版权所导致的（Williamson，1977）。

为理解版权对思想市场竞争程度的影响、版权是否能够在一定思想市场结构下改变思想市场竞争状态以有利于版权权利人的利益，以及版权在制造思想市场进入壁垒方面的作用，下文借鉴 Ramello（2003）建立一个简单模型进行分析。

假设在一个思想市场上，最初仅存在一个思想产品供给者，拥有生产排他性生产思想产品的权利。在静态市场情形下，在位者能够生产出版并发行 $n$ 个思想产品（$n > 1, n \in R^{+}$）。扩展至动态市场情形，则在位者在时期 $t = 1, 2, \cdots, T$ 期分别生产出 $n_t$ 个思想产品。

假设新进入者没有进入壁垒，可以自由进入思想市场。但是新进入者在进入初期只能生产数量有限的思想产品，与早已在思想市场上经营运作、已积累了技术与生产经验的在位者是无法匹敌的。为分析简单起见，假设新进入者在进入初期只能生产一个思想产品。

假设在位者与新进入者的边际生产成本均为0，拥有相等的进入沉没成本 $SC$，$SC>0$，且 $SC$ 不随已投放思想市场的思想产品数量变化而变化，那么在位者与新进入者市场成功将取决于思想产品发行成本。

假设n+1个思想产品都拥有同样市场成功（畅销）的概率，定义 $P(S)=1-P$，所有的n+1个思想产品拥有同样市场失败（滞销）的可能性，定义为 $P(F)=P, 0<P<1$。

假设这 $n+1$ 个思想产品畅销事件是彼此独立的，即一个思想产品与其他思想产品的畅销/滞销无关。

根据上述假设，在初始条件下，新进入者与在位者是平等的。以下将分析思想市场上版权策略的行使对思想市场绩效的影响。

假设每个思想产品在畅销情形下的收益均为 $\pi_M$。假设每个思想产品的出版质量不同，每个思想产品均有单独的需求曲线，思想产品相互之间是弱替代的。假设新进入者是风险中立的，即寻求预期利润最大化，预期利润决定了新进入者是否作出留在市场的决策。假设进入初期每一个思想产品的预期利润是 $E_n(\pi_M)=(1-P)\pi_M-SC$，且满足参与约束 $E_n(\pi_M)\geqslant\pi_0$，$\pi_0>0$ 是以同样的沉没成本从事其他投资获得的利润。满足 $E_n(\pi_M)\geqslant\pi_0$ 的新进入者才能获得正经济利润，进入思想市场才是有利可图的。新进入者的思想产品将被生产出来，此时在位者与新进入者供给的每个思想产品获得同等回报。

现在我们考虑初始条件不对称情形，新进入者将比在位者面临更高的市场失败风险，这将实质上改变思想市场结构。

因为假设新进入者进入市场初期只能生产一种思想产品，市场失败概率为 $p_{nc}(F) = P$。而在位者市场失败的可能性，则是他推出的 n 个思想产品的同时失败的概率，记为 $P_{inc}(F) = \prod_{i=1}^{n} P(F) = P^n$ 。因为每个思想产品的失败概率是 $0 < P < 1$ ，所以 $P > P^n$ ，得出 $P_{nc}(F) > P_{inc}(F)$，新进入者的市场失败概率比在位者大。

在位者市场失败概率 $P_{inc}(F)$ 将随着在位者供给思想产品数量的增加而降低，当其供给思想产品数量趋于无穷时，$P_{inc}(F) = \lim_{n \to +\infty} \prod_{i=1}^{n} P_n(F) = 0$，在位者市场失败概率将趋近于 0。这意味着推出思想产品越多，市场失败概率越低，市场成功概率就越高。

下面我们来考虑市场成功情形。

由于假设新进入者只供给一个思想产品，那么新进入者市场成功的概率为 $1 - P$。

在在位者供给的诸多思想产品中，只要有一个思想产品获得成功，那么在位者就实现市场成功了。在位者市场成功的概率为 $P_{inc}(S) = 1 - \prod_{i=1}^{n-1} P_n(F) = 1 - P^{n-1}$，当在位者提供的思想产品数量趋于无穷时，$\lim_{n \to +\infty} p_{inc}(S) = 1$，此时在位者至少有一个思想产品成功，所以在位者在提供大量思想产品时，确定会市场成功。

在位者供给大量思想产品时，其预期利润为 $E_{inc}(\pi_M) \geqslant \pi_M - SC$，$\pi_M$ 为取得市场成功那一个思想产品的收益，$SC$ 为沉没成本。只要 $\pi_M - SC > 0$，在位者预期利润为正，就会留在思想市场上继续提供思想产品，即使在位者预期利润 $E_{inc}(\pi_M) < \pi_0$，在位者没有取得超额利润，也会留在思想市场上。

再来看新进入者的预期利润。由于假设新进入者只供给一个思想产品，其预期利润为 $E_n(\pi_M) = (1 - P)\pi_M - SC$，新进入者只有预期利润 $E_n(\pi_M) \geqslant \pi_0$，$\pi_0 > 0$ 时，才会留在思想市场。可以看出，在位者比新进入者在思想市场上生存机会更大，占据了先入优势。

当 $E_{inc}(\pi_M) > E_{nc}(\pi_M) > \pi_0 > 0$ 时，思想市场的竞争是完全的，此时思想市场是有效的，思想市场上将供给有 n + 1 个思想产品，新进入者将留在思想市场上。

但这只是一种理论上的理想状态。实际上，在位者会应用版权策略，使得 $(1 - P)\pi_M < SC < \pi_M$。在位者将新进入者排挤出思想市场，此时思想市场上供给有 $n$ 个思想产品。

在现实中，在位者会尽可能多地提供思想产品种类，增大版权数量，抬高新进入者的进入成本，降低新进入者的预期利润。在位者采取交叉补贴的版权运营策略，以高利润思想产品补贴低利润思想产品生产，形成思想产品矩阵。这种版权策略部分解释了思想市场上的同质化出版现象，大量图书滞销现象，也对出版社的版权“存储器”功能作出了解释。对于大型出版单位或权威作者来说，尽可能多地提供思想产品，由此形成的在位者高利润预期，降低了小型出版单位或普通学者版权产品的供给。

上述分析一方面解释了小型的新进入者的高市场淘汰率与一小部分在位者数量的稳定性，另一方面解释了思想市场的高集中度。这种版权策略的使用将加强思想产品供给者的市场支配地位与多形态思想产品联合生产。

最后，多形态思想产品常常是互补的，版权衍生作品提供了从次级市场赚取利润的机会，次级市场的回报对于高生产成本预算的思想产品的版权价值实现十分关键（如根据同名小说改编的电影、网剧），分摊了巨大沉没成本，并进一步降低创作风险。版权多样化经营与版权交叉补贴策略改变了思想市场的竞争结构，从而改变了版权制度建立的初衷。

## 3.3　思想市场中的网络效应

随着计算机网络技术和人工智能技术的发展，传统出版物已逐渐演变为数智化知识产品。即使是传统纸质图书物质形态，也在数字经济时代被重新定义。在传统机械化印刷时代，某一思想产品总的出版功能的发挥是由一单位该思想产品的质量和该思想产品的发行率所决定的。发行率为实际发行量与最大可能发行量的比率。而在数字经济时代，某一数智化知识产品总的出版功能的发挥主要取决于网络效应下的阅读点击量，如果这一数智化知识产品本身质量高（具有思想原创性和新颖表达），则将在短时间内获得垄断地位。那么什么是网络效应？网络效应是如何影响知识接入量进而影响数智化知识产品的出版功能发挥的呢？

规模经济通常是形成市场势力的原因，但并不总是导致垄断。在不完全竞争（有政府规制）的思想市场中，考虑到思想产品的差异化程度，读者接入量较大的数智化知识产品也并不总是导致垄断。然而，网络效应将使思想市场趋于单一思想产品供给者的垄断。

某一数智化知识产品的忠诚读者用户数及以此为基础的有效读者用户社交，对出版企业充分发挥规模经济优势，具有重要作用。一个读者从数智化知识产品消费中获得的阅读效用会随着消费这一思想产品的其他读者数量的增加而增加，这被称为网络效应。由忠诚读者所形成的读者网络规模成为此数智化知识产品价值的衡量因素。以阅读 APP 为例，显而易见的是，每个读者都希望接入拥有最大数量的其他读者的阅读平台。如微信读书 APP 在市场具有支配地位。又如中国知网，每个读者一般会下载同主题期刊论文中下载引用率高的论文，这又会吸引更多的读者下载阅读这些论文。如此看来，一个数智化思想产品的需求是读者数量的函数，这被称为直接网络效应。

某一思想产品读者的数量也将影响与这一思想产品相关的其他思想产品的需求。读者购买两种配合使用的出版物，如教材和习题集配合使用；某一部小说的读者去电影院观看根据这部小说改编的电影，或者观看根据这部小说改编的网剧，或者消费根据这部小说设计的游戏；等等。个体思想产品消费者的阅读决策将通过对思想产品版权衍生组合产品的出版功能与质量的影响间接影响其他读者。当相关思想产品版权衍生组合产品被生产出来，而且边际成本下降，主思想产品的读者数量增加将导致更大的发行量、更低的边际成本、更低的价格、更多的思想产品种类，以及可能更多的出版功能。在此情形下，读者将倾向于选择有更多相关衍生思想产品组合的思想产品。当思想产品读者的数量通过这种方式成为影响相关思想产品需求的重要因素，我们称之为间接网络效应。

网络效应是市场失灵的一个来源，因为每个读者基于其自身的阅读成本与收益作决策，同时他的阅读决策将影响其他读者。产生于参加网络的社会边际收益并不被潜在读者所考虑，这实际上是一个采用外部性问题（Katz 和 Shapiro，1994）：在网络规模增大的社会边际收益超过新读者的私人收益的情况下，个体将选择不为读书 APP 会员付费。

一个既定读者网络的扩张因此依赖潜在读者的阅读决策。如果只有相对少量的读者决定加入读者网络，该读者网络很可能增长将停滞，过一段时间后甚至可能消失，可能被更富创新性的读者网络取代。反之，如果早期有足够的发行量，新读者将受益于直接和间接的网络效应，这将促使读者网络扩大直到所有潜在读者成为其成员。决定数智化思想产品成功或失败的网络规模被称为“临界规模”。一旦达到了“临界规模”，正反馈机制将导致市场只存在一个或少数几个读者网络。出版单位很注重忠实读者群的培养，有时会开展签名售书、赠书活动，为扩大读者群规模而进行激烈的竞争。

图 3－1 表明，当一个思想产品的发行量超过临界规模 $Q_0$ 时，网络价值（思想产品读者群所构成的潜在商业价值）将超过其出版成本（出版单位为扩大读者数量所进行的各种投入以及读者消费思想产品的投入），正反馈过程将发生。而且，随着发行量的扩大，思想产品价值（读者网络价值与读者网络成本之差）将迅速扩大。图中的阴影部分表示在未达到临界规模前，出版单位只针对某部分少数读者而提供的服务，如学术共同体的权威，有社会影响力的知识博主。图 3－1解释了微信读书 APP 取得市场支配地位的原因：借助“无限会员卡　全场免费读”活动，其忠实读者数量先达到临界规模，庞大的读者数量，使其价值越来越高，更多

的出版单位向其授权，更多的读者会下载使用微信读书 APP，其价值会更大。上述理论同样可解释 Kindle 取得欧美市场支配地位的原因。

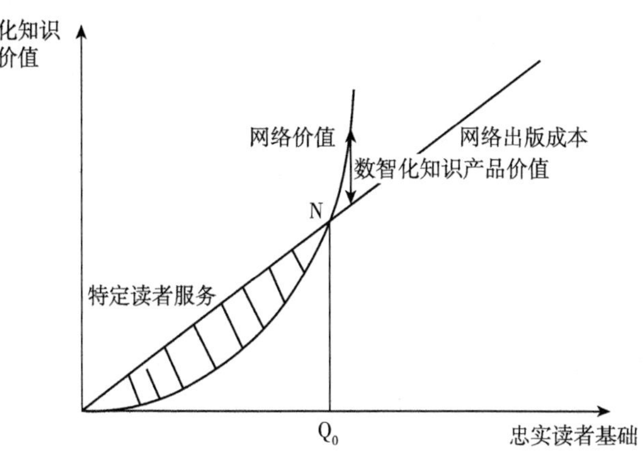


**图 3－1　数智化知识产品价值**

数智化思想产品一旦形成读者规模，将导致实际上近似无限的出版规模经济以及一条趋近于零的平均成本的渐进曲线。在数字出版时代，版权与网络的结合，无限放大了思想市场的竞争残酷性。

## 3.4　小结

讨论出版业如何实现高质量发展，首先应厘清出版业这个行业的本质特征，这是讨论问题的理论基础。从供给的角度来看，出版业的实质是以“内容为王”、以版权产品生产经营为主的产业，是组织版权产品生产、传播、价值实现的产业。进一步地，版权是对思想创新的保护和激励制度，是出版生产关系的基础制度。版权授予作者一定时期内对作品的垄断权以覆盖创作成本，激励作者发表作品，以促使知识最大限度接入公众，从而提高社会总福利。随着技术发展和版权产业化运营，目前版权保护和激励的对象转变为累积创新。思想市场的竞争是垂直型竞争，更具有思想原创性和新颖表达的新版权产品将使旧版权产品丧失价值，争得思想市场的垄断利润。在此，创作者变成了熊彼特式的富有动物精神的思想企业家，这促进了高质量思想产品的生产。但这只是理想状况，现实是版权的授予促使一些版权持有者制造了高的思想市场进入壁垒，获得了思想市场支配地位和超额垄断利润，这损害了思想市场的竞争，降低了思想产品的生产可能性集合，阻碍了创新，从而不利于出版业高质量发展。网络技术的发展，使思想产品具有了网络效应，无限放大了思想市场的竞争残酷性。创新是出版业的生存根本，出版业是以创新为发展动力的产业。高质量发展是以创新为根本动力的发展，本质内涵是创新，所以说，高质量发展本身即是出版业的内涵，是出版业发展的应有之义。但是创新也是版权垄断性的来源，原本设立初衷是激励和保护创新的版权在某种情形下成为阻碍创新、获得并维持垄断力的工具，这就不利于出版业高质量发展。因此，版权制度的多维实施势在必行，思想市场的垄断则需要政府予以合理规制。

# 第4章　图书质量保障制度建设的基石

## ——出版企业董事会的创新能力

## 4.1　图书质量管理的经济理论基础

图书，具有物质和精神双重属性。从表象看，它具有物质形态，无论是传统纸质图书，抑或电子书，甚至是新出的数智化知识产品。从实质看，图书其实是一种抽象无形的思想产品。人们搜寻、购买、阅读图书，真正需要的是抛开物质形态外衣的思想产品，这一思想产品所具有的出版功能（传播知识、传递信息、文教娱乐等），才是图书最终的、真正的使用价值。相应地，图书产品市场是思想精神市场的物态表现。对于图书质量，一般情形下，人们主要关注的是其深层的思想产品质量，而印刷、设计是否精美属次要考虑的。所谓图书质量，是指在一定货币时间精力约束下，和同类图书相比，人们可以通过阅读最少的篇幅获得最大的阅读效用，这是图书质量的实质，“内容为王”的真正含义也正在于此。学海无涯，书山有路，推出高质量图书，提高读者的阅读效用，是出版人的职责使命，是实现图书出版业高质量发展的根本途径。那么，满足读者需求的高质量图书是如何生产出来的呢？作为读者的你首先想到的一定是作者，如果这本书给你很深触动的话。但你之所以能读到高质量图书，推出这本书的出版社功不可没。

### 4.1.1　面临约束的读者——出版社的缘起

读者在寻找自己所需要的图书时受货币收入和时间精力的约束。读者一般只能以自己的货币收入为最高限度用于购买图书。由于图书馆、单位资料室、旧书网站、电子资源免费下载等的存在，货币收入约束会得到缓解。但“吾生也有涯，而知也无涯”，囿于时间和精力，读者只能阅读和学习数量有限的图书。

### 4.1.2　图书市场中读者的代理人

由于面临货币和时间精力约束，尤其是时间精力约束，读者希望得到满足自己需求的数量有限的图书精品。图书精品是以较少篇幅使读者得到同等阅读效用，或以同等篇幅使读者得到更大阅读效用。图书精品是富有品质的高质量思想产品。为使读者阅读效用最大化，在读者和作者之间架起了一座桥——一个代理方，即各种图书出版社、杂志社和报社，统称为出版单位（简称出版社）。它们的功能首先是针对读者的需求，对作者创作出的作品进行筛选，确定哪些是读者（包括大众、师生和专业学术团体）所需求或潜在需求的，哪些是缺乏需求的；评价哪些是高质量、有价值的，哪些是低质量、低价值或无价值的。可以看出，出版社的存在本身是为了节省图书市场的交易费用，降低读者和作者间的信息不对称性，促进图书市场实现均衡。

出版社在对作者供给的思想产品进行筛选的过程中，对于读者来说既存在代理成本，也存在代理收益。代理成本是指出版社的筛选工作，在参考作者在思想市场中的等级后，把一些低质量的思想产品出版，同时排斥掉一些高质量有价值的思想产品。代理收益指出版社对作者书稿的筛选降低了读者的图书搜寻鉴别费用，促进了图书的价值实现。从经济学意义上说，出版社高质量发展的实质在于尽可能地降低代理成本，提高代理收益，满足读者需求。

当读者面对可满足同一种阅读需求但质量参差不齐的一批图书时，他的目标函数是从这批图书中鉴别出对他来说质量最好、阅读难度最适宜的作品。囿于时间和精力约束，读者不可能阅读全部论著，用试错法来鉴别图书的质量高低，交易费用对他来说是无限大的。而由出版社进行筛选评价，虽然可能有所失误，但大大降低了读者的搜寻鉴别费用。同一本书对不同读者的效用是不同的，即使是同一个读者在不同的人生阶段阅读同一本书，阅读效用也会不同。确定思想产品的效用需要时间，有些思想产品可能在短期乃至相当长一段时期中不为读者所需求，但随着时代的变迁和社会的发展，最终却可能成为具有很强需求的思想产品。这时就需要出版社发挥“储备”功能。虽然从长期看，出版社的选题策划必须反映读者的需求，但在短期中，出版社可以出版一些暂时无需求或需求很低但从长远看具有潜在需求的图书。这极其考验出版社董事会（编委会）的战略眼光和创新能力。

### 4.1.3　作者的后盾——出版社的储备功能

出版社的储备功能使作者可以在较长时间内专注于一个领域、一个问题，不必为迎合读者而随时根据读者需求的短期变化而变动研究方向，这就降低了作者的选题成本，节约了作者创作的沉没成本，有助于提高图书的质量。大多数高质量高价值的图书往往需要耗费大量时间精力才能创作生产出来。而读者阅读需求的短期变化往往快于这种高价值图书的生产时间。因此，若出版社不具有储备功能，高质量图书便难以面世。出版社成为作者的后盾主要得益于版权制度。储备功能得以发挥，根本原因在于出版社为赢得思想市场的竞争优势而采取的版权策略，即尽量多地推出图书产品，但是表现为出版社经过严谨选题论证，预测到某些图书在未来将具有很大的需求，而决定出版它们，存在误打误撞的可能。出版社本意是要出版那些在短期内就拥有巨大需求的图书，但由于判断有误，出版了一定比例的缺乏短期需求的图书，而其中又有一定比例的图书将在未来产生重大影响。由此可知，出版社要更好地发挥储备功能，就要求有多个编辑部进行分散组稿，选题论证会上进行“头脑风暴”。出版社内部要有激励竞争制度。这样，由于编辑部的偏好、信息吸收分析、创新能力各异，作出的策划方案也将不同，从而一本具有潜在需求的图书得以出版的概率便会提高。

### 4.1.4　出版社的“双效”目标

出版社的筛选和储备功能发挥得如何，取决于它的目标。它的目标是在坚持把社会效益放在首位、社会效益和经济效益相统一的前提下，实现品牌声誉、质量风险、经营利润及其员工的薪资待遇的某种加权平均值的最大化。权数决定于出版社的类型。一般来说，民营图书公司的经营利润和员工的薪资待遇的权数相对较高；出版事业单位、部委主管主办的出版社，其品牌声誉和质量风险的权数相对较高。

## 4.2　出版企业董事会（编委会）创新能力的来源：知识资本与董事会控制权分享

提高图书质量，推出满足读者需求、富有思想原创性和表达新颖的图书，根本取决于选题的优化。实现优化主要是要做好选题的策划工作。选题策划工作是出版社在图书市场上发挥读者代理人、作者经纪人角色，推出高质量图书，提高出版社运营效率，降低读者、作者之间信息不对称，节约图书市场交易费用，促进图书市场均衡实现，从而实现出版业高质量发展的基本出版实践活动。选题策划出版实践活动是否高效，主要取决于选题论证会的领导组织者——出版企业董事会（编委会）的知识资本和创新能力。

### 4.2.1 董事会的知识结构

#### 4.2.1.1 企业知识的概念

1. 知识的概念

在知识经济时代，知识不再是物质资本的附庸，甚至已经替代后者成为稀缺的资源。知识因素在生产力中的作用日益明显，成为企业竞争优势的可靠保证。不少著名的跨国公司如可口可乐、德芙集团等已开始在企业中设置知识运营官（CKO）的岗位，以保证企业在知识管理、组织学习等方面的效率。

什么是知识？根据牛津大词典的定义，知识是一种被知道的状态或事实；是被人类理解、发现或学习的总和，是从经验而来的加总。根据现代汉语词典的定义，知识指人们在社会实践中所获得的认识和经验的总和。托夫勒认为，知识是“被进一步融入一般性的信息”。他将知识的含义拓展为“信息、数据、图像、想象、态度、价值观，以及其他社会象征性的产物”。按照经济合作与发展组织（OECD）1996年发表的《以知识为基础的经济》报告中给出的定义，知识的内涵包括：（1）知道是什么（Know－What），指关于事实方面的知识，包括事件的来龙去脉，对人、物的识别、常识，就是“知其然”，也可以说是感性认识；（2）知道为什么（Know－Why），指关于事件发生的原因、解释自然现象的科学原理和社会运行规律方面的知识，是“知其所以然”，即由感性认识上升为理性认识；（3）知道如何做（Know－How），指在实践过程中，通过观察、学习、理解、试错、思考、总结而具有的完成特定任务的操作的能力，包括技术、技能、技巧和诀窍等；（4）知道是谁（Know－Who），指知道“谁”“Know－What”“Know－Why”“Know－How”，即关于知识的分布和协调分工方面的知识。

按照本书的逻辑，知识与新制度经济学以及新古典经济学所强调的信息是两个不同的概念。“信息”（Know－What）被定义为反映世界的状态（如“天在刮风”）、自然的特性（如“台风引起了洪灾”）、对他人的识别（如“我认识张明，他是个编辑”），以及关于如何做事的明确法则。在经济学中，信息可以表示为描述事件各种可能结果的数据。它们容易被编码，能够清楚表述，并以较低的成本进行传递、接受和储存。也就是说，信息包含的内容往往是不复杂的或表面性的，可以标准化，容易运用和储存。而本书所说的“知识”是指认知主体（个人或企业）通过一轮轮的学习、试错、反思、总结，持续进行“学中干、干中学”，不断丰富“Know – What”“Know – Why”的知识储备，使知识体系化、显性化，上升到理论高度，并用于指导实践，形成对过去实践的经验积累以及对未来形势的预期，形成个人的做事风格，形成独特的企业文化，也就是获得“Know – How”的知识，它与个人的价值观、成长经历、性格、心智模式以及企业所处的市场环境、行业、政策等高度相关。另外，本书所据以分析的知识还具有集体性和社会嵌套性特征——没有直接的人际互动，知识就不可能存在。

2. 企业知识的内涵和分类

企业自身拥有的知识主要是企业经营中产生并沉淀下来的生产性知识。企业知识的缘起是企业最初创立时原始成员自身拥有的“Know – What”“Know – Why”“Know – How”“Know – Who”四个层面的知识存量，其后这些原始成员在共同开展企业生产运营中，相互之间进行知识的交流、传播等互动，并不断吸收、融合企业运作中新成员加入带来的独特知识，在“干中学”“学中干”的生产实践中积累起来个人“如何做”的知识以及逐渐形成的企业惯例、制度和文化。

企业知识可以分为战略知识、策略知识和攻略知识三类，对应公司治理知识、企业管理知识与技术技能知识三类。企业战略知识包括统筹全局的知识，协调企业横向事业部关系、协调企业纵向职级关系的知识，重大经营决策知识，“一切行动听指挥”的“指挥”知识。战略知识富有强创新性、强意会性，难以编码流动，主要包括企业产权结构、治理结构、重大经营决策制度、企业文化等。企业策略知识指落实企业发展战略，执行企业重大经营决策，主要包括事业部功能的发挥，组织协调事业部内部人力、物力资源的配置，生产流程控制等。企业技术技能知识直接面对劳动工具和劳动对象，主要包括企业产品开发、设计、制造与营销方面的专有技术技能，以及具体工作的操作手册、行为规范等。后文所论述的董事会知识属于企业战略知识。

3. 企业知识的特性

**知识的空间不均匀性。**哈耶克在 1945 年发表的《社会中知识的运用》一文中阐述道：“理性经济秩序问题的特别之处是由这样一个事实所决定的，即我们必须使用的相关背景知识从来不会以完整或集中的形式存在，它们是不完全并且往往是相互矛盾的知识的一部分，且全部由独立的个体所拥有。”哈耶克认为知识在空间维度是分散的。企业不同人员，因为专业背景不同、所在部门不同、职级不同、岗位权责不同，所以在企业中，为不同人员所拥有的有关企业产品设计开发、生产技术、市场营销、组织管理等方面的知识，不均匀地分布在企业组织中。不同员工所拥有知识的比较优势不同，因而为获得知识绩效，企业组织内知识的流动和交易应得到重视。

**知识的时间不完备性。**哈耶克认为经济主体心智的局限性导致了其知识的不完备性。单个经济主体的心智是有局限的，任何单个主体都不可能是全知全能的上帝，即使是上帝，也无法创造出一块自己搬不动的石头。单个主体对过去事件和经历的评价和认识是不完备的，对未来形势的预测的准确性又有几何？更遑论准确预测未来的各种偶然性事件。单个主体在生产经营实践中，必然要经历一些从没发生过的事件和问题，修正旧知识，获得新知识，积累经验，磨炼心性，提高自己解决问题的能力。知识虽然在时间维度上是不完备的，但是是一个持续积累改进、不断逼近真实的无止境的过程。

**知识的意会性**。基于知识的企业理论在论述企业核心能力的内在基础时区分了两类知识，一类是显性知识，另一类是意会性知识。OECD 将“Know – What”和“Know – Why”称为显性知识，将“Know – How”和“Know – Who”称为意会性知识。所谓显性知识是可表达、可编码、传播成本低、正式、规范的知识，白纸黑字，表意清楚明白。而意会性知识，也称为默会性知识，隐性知识，顾名思义，“只可意会，不可言传”，是高度个性化，难以形式化、规范化，难以和大部分人沟通和共享的知识（共事中的个别默契情形除外），“如人饮水，冷暖自知”。这类知识产生并隐置于实践中，只能通过应用、实践、亲身经历、体会获得，这导致了意会性知识在个人之间的传播成本较高。意会性知识因其传播的高交易成本，而成为个人/企业所拥有的难被他人模仿学习的核心竞争力，是个人薪酬高低的决定因素，是企业垄断利润的来源。不存在经济学家所假定的知识一旦被创造出来，即可无代价被他人使用的假设。在知识经济时代，企业已从手工作坊演化为知识组织，整个企业的发展是企业意会性知识不断显性化、制度化、规范化的过程。意会性是企业知识最重要的、核心的特性，企业的意会性知识对其高质量发展具有关键作用。

**知识的交易性**。在企业内部，参与者受其个人禀赋、资质、能力的限制只能专业化于某一特定领域，个体知识具有了比较优势，这是知识交易的前提条件。又由于知识在企业内部不均匀分布，导致了特定领域的知识分工（如在出版企业的三审三校），以及不同领域知识之间的相互补充（如出版企业编辑、印刷、发行三大环节知识的相互补充），通过这种知识分工和知识相互补充的交易性，共同开展企业的生产经营实践活动。

**知识的系统组织性**。在企业组织中，由于知识的时空有限性及传播意会性，个体之间进行知识分工、互补、传播，不断互动，相互影响，使企业作为一个整体所拥有的知识超过单个成员所拥有的知识总和，企业日益成为一个“生命有机体”，企业知识不随企业成员的变动而变化，表现为惯例、制度、规程、企业文化等形式。

#### 4.2.1.2　董事会的知识结构

董事会的知识由董事会成员个人及董事会组织所具有的

知识构成。董事会知识主要分为显性知识和意会性知识（见表4-1）。董事会创新能力的微观基础是董事会成员个人及董事会组织所拥有的意会性知识。

**表4-1　　出版企业董事会知识类型**

| 知识类型 | 董事会成员个人 | 董事会组织 |
| --- | --- | --- |
| 意会性知识 | 对读者需求的了解情况，对决定读者需求因素变动的敏感度，价值观念，心智模式，对作者创作能力的了解，与作者的沟通能力，决策能力，出版技能、诀窍、秘诀等 | 公司治理惯例、核心价值观、出版社经营理念等 |
| 显性知识 | 学历背景、专业技术职务、版权等 | 出版社管理条例、稿件评价标准共识、编委会办法、出版社公司章程等 |

如表4-1所示，董事会（编委会）的意会性知识既存在于董事会机构中，也存在于董事会成员，如总编辑、副总编辑、图书质量总监的头脑中。依存于董事会的意会性知识是董事会在出版实践中不断积累起来的，其中既有成功经验的积淀，也有失败教训的总结，还有一部分来自向其他成功出版社的学习。它们构成出版企业董事会特有的知识，一般不因董事会成员更迭而变化，表现为董事会处理图书出版事务，制定企业发展战略的惯例、文化等。这些知识揭示了董事会在同样或类似的情况发生时采取怎样的反应是正确或合适的，反映了董事会的行为规律。董事会内共享的知识框架有助于减少来自董事会成员的行为的不确定性。依赖董事会成员个人的意会性知识是其专业知识、技能、工作经验的积

累和人脉关系、人生感悟的升华，它们深深地植根于董事会成员决策行为中，并受其所处社会、经济、政治、行业环境的约束。同时，这些知识还具有分散性特征，分布在董事会各个成员的生命体中。

如果一种制度知识是意会性的，那么该知识的持有者很难对其系统分类和客观量化，也难以传播给知识的寻求者。相对于显性的、可编码的、可交流的知识而言，很多成员对意会性知识缺乏信任感，因此，理论研究者偏爱对显性知识的研究，董事会偏重对显性知识的投资，如一些出版社管理办法的明文发布。然而，作为出版企业的“大脑”，董事会因不信任而对意会性知识产生的无视和排斥心理无助于公司治理的完善，削弱了出版企业的选题竞争能力。

### 4.2.2　董事会知识的主要特性

#### 4.2.2.1　分散性

知识的分散性是指，董事会的知识是每个成员通过数年的专业实践，在职业生涯中所沉淀下来的知识和经验，是董事本人整个知识体系的一部分。这些知识分布在不同董事的头脑中，且呈现不均衡的分布状态。如董事会有的成员善于捕捉大众的图书需求，有的成员对作者的知识资本有很深的了解。知识的分散程度可以用知识储备和知识能量来衡量。

知识储备是指知识量，是知识在某个领域或主体的集中度；知识能量是指知识的辐射面和影响力。知识储备衡量不同类别的知识在同类型的董事中的分布，也能衡量同类知识在不同类董事中的分布，还能衡量同类知识在同类董事中不同个体的分布，可以用了解、熟悉、理解、精通四个程度表示。如关于出版企业重大经营决策的知识，有丰富出版实践以及长期决策经验的董事的知识储备较高；关于图书发行营销的知识，在负责市场的董事中的储备较高。同样是董事会成员，因其拥有的知识的广度和深度不同，知识在不同成员中的分布也不同。知识能量对企业出版活动也有重要影响。如关于出版企业重大主题图书策划的知识能量较高；关于新选题开发和新读者群开拓的知识能量高于维持图书市场的知识能量。因此，在出版企业董事会中，负责制定企业发展战略、负责重大选题决策的执行董事的地位较高。

#### 4.2.2.2 专用性

知识的专用性（Specificity）是指，知识在最优用途和次优用途之间转移时存在明显的价值差异。如果某些知识离开某一具体场景、领域，会贬值甚至失去价值，则该知识的专用性程度高；反之，则低。如图书编辑加工知识离开出版企业，就会失去价值，编辑加工知识的专用性程度较高。

知识按专用性程度高低可以分为两类：通识知识和专业知识。董事在进入出版社前掌握的通识知识较多，进入出版社后通过具体参与出版实践获得的专用知识较多。出版社选题论证专用知识包括四个方面：（1）关于读者（大众、师生和专业学术团体）需求的知识；（2）关于读者需求满足程度的知识，即思想市场上已出版的同主题图书品种的知识；（3）关于某一专业领域作者人数及作者所拥有的知识资本的知识；（4）关于编辑团队执行选题策划的能力，以及编辑人员沟通技能的了解。这些专用知识只有在该出版社中才能得到充分使用。董事会的专用知识主要指董事会成员间的配合互助及董事会成员间的人际沟通。如执行董事和非执行董事在性格上的互补，以及某些董事所掌握的只适合于该出版社组稿发行方面的知识。

#### 4.2.2.3　交易性

知识的交易性是指，董事会成员掌握和应用的战略知识在董事会成员之间、董事会与各事业部之间以及董事会与执行管理层之间的互动。交易性程度越高，知识并购产生的价值越大，即两种以上知识合作创造的价值就会大于每种知识独立使用创造的价值之和。

个体知识并不是孤立存在的，而是在人与人之间的知识互动中，在个人出版实践活动中，在个人之间、部门之间、层级之间、组织之间等人际关系网络之中，传播、流转、增大、运动。董事会成员的知识交易有两种情况，即在时间维度的互动和在空间维度的互动。知识在时间维度的互动，是指董事在过去审批的出版项目与新选题策划案之间看法和处理方法上的互动，实际上是知识的深化；知识在空间维度的互动，指董事会成员间的知识分工、专业化和合作。没有分工和专业化，知识就缺少深度。

知识交易性带来的收益递增性提供了知识劳动者进一步专业化的激励，而专业化永远意味着每个人知识效益的发挥越来越依赖其他人的知识（汪丁丁，2000）。董事会知识的互补性意味着每个董事都应该是决策所需要的某一方面的专家，而在决策过程中各个成员之间知识和专业彼此依赖，相互支撑，共同履行董事会的职责。

#### 4.2.2.4　意会性

意会性知识是指，董事会成员个人及董事会整体作为不同知识主体所了解或具备的难以成文、不易学习与模仿、难以沟通与分享、难以编码和显性化的各种隐性知识。意会性知识分为两类：一是技能层面的，包括那些非正式的、难以表达的技能、技巧、诀窍和团队合作能力等；二是认知层面的，包括直觉、洞察力、信仰、价值观、心智模式、人格特征、团队成员间的默契、共同目标等。知识的意会性程度指知识难以用常规载体和语言等充分表达或表述的程度。

意会性知识本质上是一种直觉，是利用经验、重组经验，以期达到对它进行无意识应用的能力。意会性知识是应对复杂和不确定情况的判断力。意会性知识是独立的，由于个体理解力和记忆力不同，显性知识必须依赖意会性知识被理解和运用。因此，所有的知识都具有一定程度的意会性。一种完全清楚明确的显性知识是不存在的。

在董事会中，不同类型的董事成员，其自身拥有的和岗位要求拥有的意会性知识是不同的。如执行董事的意会性知识的储量较大，他们在进行选题决策时，对决定读者需求的社会政治经济状况、价值观念和知识背景的了解，和对现有理论体系需改进完善之处和对外部现实的解释力大小的了解，以及与读者需求有关的理论和政策的预判，是他们可以依赖的“辅助认识”，作出正确的选题决策是他们的“最终目标”，如何在已有的“辅助认识”基础上，经过分析判断而形成“最终结论”，则主要取决于决策者自己利用经验、重组经验的能力。

意会性是董事会知识的五个特性中最重要的特性。董事会知识具有分散性、专用性和互补性的原因是董事会知识具有意会性。

4.2.2.5　演化性

知识的载体是人。董事会知识是董事会成员的人格化。在董事会成员的交流互动中，这些知识的演变依赖企业的运营环境和董事会的人事更迭。在董事会成员相对稳定或任职期限交错调整时，董事会的知识尤其是董事会机构的知识将具有一定的可持续性和可预见性，而新成员的加盟又会导致知识出现“变异”特征，这就是董事会知识的演化性。董事会知识的演化性意味着，董事会知识随着时间的流转和经营环境的变迁，既会保持原有的存量和结构，又可能出现变异，实现知识的创新。新观点、新思路的出现需要董事会知识结构合理，成员更迭有序，议事氛围宽松。

### 4.2.3 董事会成员知识与控制权分享

#### 4.2.3.1 关于知识与企业控制权分享理论观点的简要回顾

知识与企业控制权之间是否存在着内在联系？知识怎样影响企业控制权？加尔布雷斯（1967）认为，随着经济的发展，当专门知识成为最重要的生产要素时，权力也必然转移到掌握专门知识的人手中。哈耶克（1945）曾经强调，应该把决策权配置给掌握特定时空知识的人。詹森和麦克林（1992）认为，当知识在决策中有价值时，应该使决策权与需要利用的知识相匹配。转移和积聚知识的能力是决定企业内部决策权最优配置的关键因素。企业内决策权的安排，不应是外生的，它内生于企业组织内信息加工的分工模式和这种信息或知识的可转移性。管理层不仅拥有了部分剩余索取权，并最终获得了剩余控制权。刘长庚和盘为龙（2004）从企业知识能力集合的构成（私有知识和组织知识）引申出企业要素产权的竞争性分配性质和劳动产权的共享性质；在个人收益与组织收益相兼容的前提下，提出一个企业成员参与产权分配的行为模式。张玉新（2005）系统分析了基于分布知识的企业剩余控制权和剩余索取权分配的内生决定问题。他认为，在利用分布知识方面，分布知识重要程度或知识分布程度的提高会导致企业内分权程度的提高和专业化程度的降低。汪丁丁（1995）认为，分工不可避免地会造成技术知识的不对称分布和由此带来的交易费用，那些可能产生规模经济效益的技术知识不可能被应用于具体生产过程，否则经济体也就停止发展了。知识结构的引进有助于建立制度演进的时点间的一般均衡过程。汪丁丁（1995）论证了产权分布取决于技术性知识和制度性知识的分布。汪丁丁（1997）认为，掌握局部知识的专家们握有权力。劳动分工制度不可避免地导致知识的分立以及维护掌握局部知识的专家们的权益，从而维护知识权利的制度。李建德（2002）认为，随着企业的发展，管理知识、研究开发知识、市场营销知识的逐渐分离和独立，是管理人员、研发人员和销售人员分享企业剩余控制权和索取权的关键。

#### 4.2.3.2　董事会成员知识对董事会控制权分享的影响

本部分将从董事会成员知识特性的角度探讨知识对董事会控制权分享的影响。

（1）知识分散性与控制权分享

哈耶克（1945）认为，组织的绩效取决于决策权和战略知识之间的匹配程度。现实中，决策权与战略知识有时是不对称的。可以通过两种途径实现权力与知识的匹配：

一是使有决策权的人拥有并掌握与之相匹配的战略知识，这面临知识的流动成本；二是把决策权授予拥有相关战略知识的人，这面临由于代理人追求自身利益最大化而非企业利益最大化而产生的代理成本。在决策权与战略知识的匹配过程中，应以知识流动成本与代理成本之和最小为目标约束条件。

当特定时空中的专门知识的流动成本过高，或者由于知识流动的前提条件不满足时，需要采取转移决策权的形式，将决策权授予有专门知识的人。知识的分布均匀程度可以用知识储备和知识能量来衡量。在董事会内部的合作中，掌握高知识能量的人员获得了对拥有弱知识能量的人员的指导权、指挥权，成为董事会内的话事人。在董事会中，掌握选题策划的人员，一部分专业化为熟悉某一专业领域作者思想市场等级的执行董事，而另一部分则成为非执行董事，他们掌握和应用的知识类别是相同的，都是选题策划知识，但前者的知识更能保证筛选组稿的成功，其对出版企业的影响更为关键。

（2）知识专用性与控制权分享

在技术高度专用化的公司，员工如果入职别的企业，其所掌握的专用技术知识可能贬值或变得毫无价值，所以员工对公司在心理上有一种“主人翁”意识，可能像股东一样拥有极强的动机和责任感来监督公司的生产运营。这类公司的员工在许多重要战略决策中发挥着控制作用，因为他们在生产经营中积累的技能知识更依赖企业的成功实现价值，使他们与股东相比在行使监督职能上更为有效。因此，作为职工代表进入董事会的董事，对董事会的决策效率有很大影响。

（3）知识的交易性与控制权分享

知识经济时代，企业是一个知识组织，是一个“有机生命体”。它的有效运行需要各部门、各层级、各类型知识的拥有者相互配合、共同发力。在现代出版企业中，行使企业决策的董事会成员在一定时期内可视作企业所有者的一部分。作为股东财产的托管者，其自身价值的实现，既蕴含在追求图书“双效”最大化的过程中，也体现在对出版品牌建立的实现上。在短期内，董事尤其是执行董事的控制欲是一种社会性需求；从长期看，他们的自身价值与企业的高质量发展有很大关系，而企业的高质量发展，与编辑人力资源成长、图书市场开拓创新、新选题开发、内部出版流程优化等密切相关。因此，董事会的决策必然依靠选题研发、编校技术、质量检验、市场营销、职能管理人员来具体执行。与此相对应，员工的编辑加工知识、质量检验与图书评价知识、图书发行知识、职能管理知识也就与选题决策知识高度互补。于是，企业的研发人员、编校人员、质检评价人员、市场营销人员和职能管理人员等，也就成为出版企业的联合所有者。因此，决策权应适当下放，不宜绝对集中于董事会中的执行董事。

（4）知识的意会性与控制权分享

在企业组织中，掌握不同类型和不同层级知识的人，其知识的意会性程度不同，与此相对应，他们分享企业剩余索取权和控制权的程度也不同。董事会作为公司经营的决策者所需要的战略知识有两个特点：一是统筹企业全局，是一种系统知识；二是以认知层面的而不是以技能层面的意会性知识为核心。意会性知识在他们的决策中起关键作用。对监管政策的解读、市场机会的捕捉力、求变能力、洞察力、直觉、创新能力、心智模式、开拓力等，都是决策者的意会性知识。由于拥有不同的意会性知识，在同样的约束条件下，不同的企业家作出不同的决策，不同的决策又导致企业发展的不同路径。各中层管理者（如编辑部主任）需要的意会性知识，总体上看是策略层面的；而操作层面的员工需要的意会性知识，以技能方面的天赋、诀窍为主。因此，从意会性知识的影响力来看，企业决策权通常由最高层、中间层和基层依次向下递减。

综上所述，由于董事会的知识在企业知识中的意会性程度最高，显性化程度最低，因此企业的控制权由董事会所拥有。由于董事会中，负责企业战略决策与企业远景规划、出版社选题决策的执行董事的知识意会性程度较高，因此，执行董事在董事会组织中享有主要话语权。

（5）基于知识的控制权分享与企业家才能

根据上文的分析，从董事会知识的分散性、互补性、意会性等特征出发，最优的企业控制权分享或配置必须实现控制权与实施控制权所需知识的最佳匹配，并充分考虑知识的演化性特征，在良好的制度氛围中获得新知识。

在现代公司制出版企业中，执行企业出版战略决策的董事会是单个策划编辑的扩展和延续，作为一个集体执行企业家职能，体现思想企业家精神，推动企业重大制度和战略创新。从一般意义上说，现代公司制出版企业中的企业家才能就是指董事会的创新能力，即董事会对思想市场未实现机会的把握。显然，只有实现了董事会知识结构的合理匹配，企业的控制权分享才是有效率的，董事会才能发挥思想企业家才能，敏锐把握思想市场机会。高效的董事会在思想市场信号的捕捉方面胜人一筹，这是企业家必须具备的敏锐性，也是董事会独有的意会性知识。企业家独特的知识存量决定了当思想市场出现非均衡时，他能对同样的信息作出独出机杼的解释。每个行为人在任一时刻都在经历着新奇事的发生。但是当出现了现有知识不能解释的新生事物时，只有企业家能跳出常规的思维模式，创造性地发现新生事物的崭新含义。机会是否有价值只有在事后才能知道，所以董事会事前对读者需求的洞察力就成为企业成功的关键因素，合理的控制权分享则确保了董事会可以把企业家的发现变为现实，把握住稍纵即逝的市场机会。

在董事会中，作为企业家构成部分的董事是否拥有资本并不重要，关键是其是否具备敏锐发现思想市场失衡并使其选题得以实现出版的能力，是否具有创新精神。如果把企业看作参与思想市场竞争的生命有机体，则董事会就是出版企业的“头脑”。董事会的意会性知识决定了董事会的权力配置。只有实现了董事会知识结构的合理匹配，企业的控制权分享才是有效率的，从而可以更好地体现董事会的创新能力。

#### 4.2.3.3　基于董事会成员知识的控制权分享的优化模型

知识具有边际报酬递增效应，但是知识也是有成本的，知识成本主要包括学习成本、沟通成本和协调成本，这决定了董事会成员的分权程度是有极限的，主要表现为董事会规模不是无限扩张的。董事会最优控制权分配主要取决于董事会知识收益与知识成本的权衡。本小节建模如下。

知识收益指由于知识的溢出效应，董事会通过吸收新成员而使其知识结构优化，从而使其决策效率提高，从而为企业带来的好处，用 $R$ 表示；知识成本指由于知识具有意会性特性，董事会由于规模扩大所带来的协调和沟通成本增加而使决策效率降低，从而使企业遭受的效率损失，用 $C$ 表示；分权度指董事会控制权分配效率，简单表现为董事会规模大小，用 $D$ 表示；知识用 $A$ 表示。

知识收益函数：$R=F\ (A,\ D)$

知识成本函数：$C=G\ (A,\ D)$

$\because A$ 具有分散性和互补性

$\therefore \partial R / \partial D > 0$，知识收益曲线单调上升；

又$\because$ 知识边际报酬递增

$\therefore \frac{\partial^2 R}{\partial D^2} > 0$，知识收益函数为凸函数；

$\because$ $A$ 具有意会性

$\therefore \partial C / \partial D > 0$，知识成本曲线上升；

又$\because$ 当 $D \rightarrow \infty$ 时，$C \rightarrow \infty$

$\therefore \frac{\partial^2 C}{\partial D^2} > 0$，且$\partial C / \partial D \rightarrow \infty$

依据现实情况，董事会规模无限扩大必然将导致无法进行决策，所以知识成本函数也为凸函数，且在董事会规模趋向无穷大时垂直于横轴。

在当今这个充满风险和不确定性的思想市场竞争环境中，由于知识分布不均衡，在现代公司制出版企业中，董事会必然是一个团队，其分权度不可能为零，因此，在开始阶段，知识收益曲线位于知识成本曲线之上；又因为知识成本函数最终将垂直于横轴，所以知识收益曲线必将与知识成本曲线相交。

模型的几何图形如图 4－1 所示。

一般来说，随着分权程度的提高，知识边际收益递增，同时知识沟通和协调的边际成本也递增，在起始阶段，知识边际收益增长率大于知识边际成本增长率，知识收益曲线位于知识成本曲线上方，董事会的分权程度处于上升过

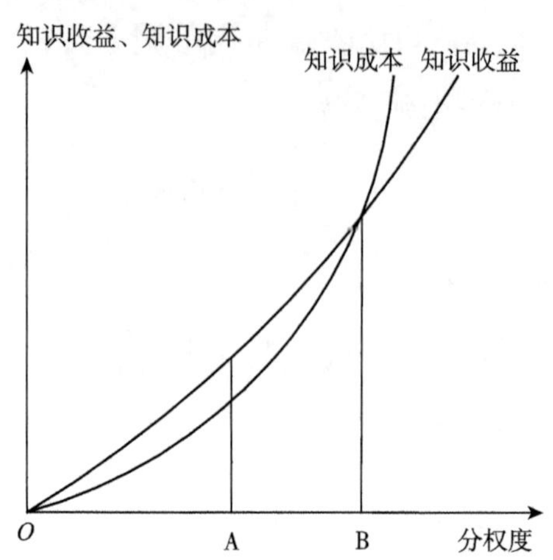


图 4－1　基于董事会成员知识的控制权分享的优化模型

程中，表现为董事会规模应扩大；当知识收益与知识成本差距最大时，即达到 max（$R-C$）时，对应董事会控制权分享的最优点 $A$，表现为董事会处于最优规模，此时决策最有效率；而董事会规模的边界点 $B$ 在知识收益等于知识沟通和协调成本时出现，此时，再吸纳一个成员，董事会将决策无效。

## 4.3　基于知识的董事会创新能力

上一节探讨了董事会创新能力的来源。下文将分析董事会知识创新与董事会创新能力之间的关系，以及“惯例”对董事会创新能力的影响。

## 4.3.1 董事会知识创新与董事会创新能力

### 4.3.1.1 董事会知识创新

在不确定的环境中，日新月异的技术换代、迅速变化的市场需求和市场格局，给企业的生存和发展带来了更大的挑战。“不创新，毋宁死”，只有那些能够持续创造新知识，并将这些知识转化为核心能力的企业才会成功。企业的知识创新关键在于董事会知识创新。董事会知识创新是董事会知识的本质性变革，也是企业实现持续繁荣的引擎。

董事会知识创新有以下两种形式：一种是累积式创新（Incremental Innovations），另一种是激进式创新（Radical Innovations）。

累积式创新是指董事会在原有知识的基础上，结合其公司治理的实践和对外部成功企业治理模式的模仿而进行的局部创新。这种创新既有原有知识的“遗传”或继承（标准的路径依赖），又有在原有知识基础上的“变异”或创新（扩展的路径依赖）。创新的累积性意味着学习过程必须是连续的，学习过程的主体——董事会不能随时变更其机构设置。

激进式创新是指董事会突破惯性思维，发现现有知识中没有的全新知识。这一创新的来源包括外部科学技术重大创新（如人工智能技术）给企业带来的根本性变革，因外部制度的变化而对企业要求的变化，董事会效仿竞争对手而引进的新知识、新管理理念，企业内部生产技术实现的跳跃式变迁，以及企业在研究开发中的意外发现，从而导致董事会战略经营决策的巨变。

无论是累积式创新，还是激进式创新，董事会都需要具备包容新知识甚至“另类知识”的素质和偶然发现新奇事物的才能（Serendipity）。

董事会知识创新受诸多因素的影响，其中包括现有一般性知识存量的大小、吸收能力的高低、研究与开发（R&D）决策的正确性、对董事会成员意会性知识显性化的投资力度等。董事会拥有的一般性知识存量越多，它就越接近知识的前沿，创新机会越多，成功的可能性越大。对外部知识和新知识的吸收能力越强，董事会创新能力越强。知识创新既是演化环境对董事会的必然要求，也是企业成为知识创新型企业的前提。知识创新蕴含在董事会的实践过程及对内外部环境变化的洞察力中。基于实践的学习是主要途径，也是董事会知识创新的机会之所在。知识创新不是简单地处理客观信息，而是要发现、挖掘董事会成员头脑中的想法、知觉和灵感，并综合起来加以运用。

随着时间的推移，董事会知识创新会逐渐展现出内在的不确定性。创新之初所设想和预期的结果未必会实现，因为在解决一个问题的过程中，董事会会发现新的问题。对于未知问题的性质、出现的时间，董事会均无法预测到，它只是在一个阶段的学习和摸索中确定下一步的努力方向。董事会只能在某一个时点回顾创新活动的过程和结果，对未来的创新活动只能作出合理的预期，不能绝对准确地预测下一阶段的创新结果。因为创新中的不确定因素无时不在，董事会既会遭遇意外的失败，也会遇到意料不到的成功。

董事会知识创新的效果最终要看企业是否能够接受市场竞争的检验，竞争中的不可知、不可控因素也会影响到竞争的结果。一般来说，市场竞争将在行业水平上对不同绩效的企业进行选择，只有能持续适应演化环境的、董事会具有知识创新能力的企业才能生存并获得更多的发展机会，否则，企业将出现亏损、萎缩，甚至被恶意收购，直至倒闭，企业经历“脑死亡”，最终从市场上消失。

#### 4.3.1.2　董事会创新能力

董事会创新能力是指董事会有效制定企业发展战略，随机应对外部市场环境变化对企业提出的挑战的能力，更是董事会成员之间，董事会与经理层之间、与企业其他组织部门之间的基于知识的、相互协调的复杂模式。董事会创新能力的核心是董事会组织知识创新及董事会成员知识的完善和协调，其实质是董事会的核心意会性知识的创新能力。董事会创新能力是企业家精神的集体表现。

董事会进行知识创新的途径有两个：一是董事会组织学

习；二是人力资源的变动，特别是企业家、技术专家、营销专家等关键人力资源的变动。董事会的学习和创新与董事会原有的知识、能力存在相互支持、相互促进的互动关系，在互动中新知识被创造出来，董事会原来的知识结构逐渐改变，以知识为基础的公司治理惯例、企业文化发展变异，影响企业的成长路径。董事会组织学习是董事会自主培育其创新能力。而关键人力资源的变动之所以能使企业“换脑”，产生变异，主要是因为当这些精英进入董事会时，一般会把他们的历史经验、知识、信念以及主观偏好带入企业中。这些人带来的东西对于董事会来说可能是全新的、冲击性的，由于董事会吸纳关键人才的主要目的就是求变，希望依靠这些精锐力量改变企业，因此，董事会为实现这一目的会采取其他的一些配套措施，如直接给予新成员很高的权威地位，强制性要求原有成员积极配合。这些新力量可以利用其特有的影响力提高董事会决策效率，实现董事会知识创新。人力资源的变动主要是董事会借助外部力量实现创新，董事会对外部力量的吸纳、包容，是其创新能力的具体体现。

综上所述，董事会创新能力是董事会在持续进行知识创新的过程中，作为一个集体发挥企业家精神的能力，其实质就是董事会的知识创新，董事会知识创新是由董事会知识特性决定的，因此，可以说董事会知识、知识创新与董事会创新能力在概念上是属于同一维度的。

### 4.3.2　惯例与董事会创新能力

在环境变化不可避免的情况下，任何一个企业的发展目标都不会仅是低层次的生存目标，还要追求更高层次的目标——企业发展。把变化当作机遇，在变化中求发展是董事会制定战略的基本宗旨。企业的发展战略是董事会对企业未来重大事项的主观规划、设计和选择，体现了董事会在企业演化路径上的影响力。在复杂的、充满不确定性的环境中，董事会拥有的知识是不完全的，董事会预期只能是合理预期。所以，董事会制定的企业发展战略也一定是不完备的，需要在发展中不断改进。董事会知识具有演化性特性，董事会成员之间的相互交流、学习推动了董事会的内省和自我修正，有助于董事会作为一个整体的知识的协调，从而推动了董事会创新，优化了企业战略。董事会对复杂、不确定环境的理解和判断的准确率，决定了其制定企业战略的水平和进行公司重大制度创新的能力。而董事会的这一能力是由它拥有的知识存量和知识结构决定的，本质上是由董事会知识的演化性特征决定的。因此，要创造一个宽松的议事氛围，鼓励各个董事会成员畅所欲言，从而促进知识的沟通，促进创新能力的实现。

董事会对环境有利的反应主要是靠董事会的决策惯例来保持的。这些惯例既包括董事会的设置、公司治理制度，也包括蕴含在董事会行为模式中的领导风格、企业文化。这些惯例积淀着董事会过去处理问题的经验和教训，以及董事会组织学习获得的知识，是指导董事会处理类似问题的行为准则。企业行为的稳定性和可预测性来源于董事会的惯例，董事会的惯例决定了企业行为模式的扩散性和可复制性。市场竞争给企业带来的外部冲击，迫使董事会在原有知识和创新能力的基础上作出尽可能有利的反应。这时，董事会将会相机抉择，如果惯例在新问题的解决中不能给企业带来满意结果，董事会必须改变原有的惯例。这一改变类似于生物的基因突变，但与后者不同的是，这种改变具有人为设计的因素，是董事会下意识进行的创新。对惯例的下意识改革，体现了董事会的创新能力，促进了企业的成长和演化。

## 4.4 董事会创新能力的提升

上一节论述了董事会创新能力的实质和体现，本节将进一步论述董事会如何下意识地反思惯例、突破惯例以实现创新，提出董事会创新能力的提升措施。

### 4.4.1 对董事会成员个体意会性知识的投资

董事会创新能力是基于董事会意会性知识建立起来的，是打造企业核心竞争力的决定性因素。对于董事会而言，他们面临的挑战是能否以及如何有效管理这些知识。1997 年以来，众多跨国公司兴起知识管理热潮，企业董事会，尤其是执行董事开始关注整个企业知识产生、发展、储存、应用的过程，持续到近年，出现了“知识治理”的新概念。但是，通常的管理模式主要是企业经理层（编辑部主任）对显性知识或信息的管理，而不是制度层面对意会性知识的管理。

由于意会性知识的特殊性，显性知识管理战略经常强调的搜集、整理、传播成为较为次要的问题，而意会性知识的开发、创造、利用、沟通、协调、创新以及转化等成为董事会的重心。因此，对于董事会成员个体意会性知识，董事会组织首先应尽可能创造一个共享的、融洽的治理氛围，培育宽松的内部环境，增进董事会成员间的相互信任，激发他们充分利用各自拥有的意会性知识，积极创造新知识，为董事会制定正确的企业发展战略、作出正确的经营决策和对企业核心能力的培育作出自己的贡献。其次，董事会组织必须注意，其成员个体意会性知识以及由此而来的董事会创新能力，使企业核心能力具有了人身依附性特征。因此，董事会要建立有效的成员提名体系，既要采取措施防范已有的关键成员的流失，又要适时积极引进董事会急需的关键人才。

### 4.4.2　董事会组织学习

#### 4.4.2.1　董事会组织学习与董事会成员的个人学习

董事会知识创新需要对各个拥有不同专业知识的董事进

行组织、整合，因此，董事会知识创新过程是互动的，其结果也是不确定的。董事会作为一个整体，其组织学习与董事会成员个人学习的不同之处在于，董事会组织学习是一个集体学习的过程，成员之间存在互动性关系，个人可以从其他参与者身上学到自己没有的知识和经验，并推动董事会集体性知识的形成。这些集体性知识是董事会组织特有的、无法还原为个人的知识，因而造就了同一行业中不同企业的特有的企业文化。

#### 4. 4. 2. 2　不确定环境下的董事会组织学习

企业经营所处的环境是复杂的、不确定的。在不确定的环境中，董事会在制定企业战略决策时既面临着“知识差距”（包括未知的问题性质和变化——新奇性事物的客观存在，以及不了解其他人的想法和由此而来的可能行动），也面临着“能力差距”。

在不确定的环境中，董事会组织的学习首先是为了应对环境中随时随地出现的新奇性问题。面对涌现的众多新问题，董事会必须从其中筛选出被认为是重要的、有价值的问题，因为它不可能面面俱到。有价值问题筛选的最终结果，一方面要受到董事会成员的知识结构和能力水平的影响，另一方面依赖董事会成员，尤其是执行董事，对问题解决的可能性和价值的判断及预期。按照改善假说，只有那些被认为是企业能够解决并改进企业生存质量的问题才会被选择。董事会一旦选定了目标，就开始规划具体的解决方案，如选择解决的方式、手段、组合等，然后组织资源实施解决方案。董事会对这些新问题解决方式的选择和最终处置同样依赖董事会原有的知识结构和处置能力，因为董事会成员往往根据自身经验选择自己擅长或偏好的处理问题的方式、手段，这就是学习过程中的路径依赖现象。解决问题最后的结果会反馈给企业，对学习过程的各个环节进行修正。

在不确定的环境中，董事会解决问题的决策过程和学习过程都是程序理性的。董事会在任何一个时点的抉择，都是序贯系列中的一个节点。这一节点受历史的制约，并在董事会对未来的判断中不断试错、探索。其中，成功的经验在董事会制定公司发展战略、处理问题中发挥了作用，成为企业核心能力的一部分；失败的教训对董事会同样重要，可以修正原有认知，以反面教材的形式出现在董事会的惯例中，使企业少走弯路。董事会的惯例适用于环境变化存在某种规律性的情形。在这一学习过程中，董事会成员不同的专业知识、技能以及由此而来的互动式协作，是企业适应环境规律变化进行创新的基础和关键。

对于来自其他主体的不确定性，董事会组织的学习主要体现在建立共享认知框架，使各个成员自愿、自觉表达自己的观点，揭示其思想的变化，主动提供自己的知识和能力。共享认知框架是企业文化的重要组成部分，这一共享框架反映了参与者的行为规范，有助于减少董事会成员行为的不确定性。值得注意的是，董事会组织学习的这一机制与"问题解决型"学习中所要求的多元化知识、技能结构，存在着某种矛盾，反映了董事会认知层面学习过程与非认知层面学习过程的区别。董事会的共享认知框架具有更大的适应性，可以使董事会对环境不规则的偶然性变化作出恰当反应。

对于董事会组织学习而言，不确定性一方面是外生的，它来源于学习主体对外界环境性质和变化趋势的无知，以及对董事会成员知识、判断、行动的无知；另一方面是内生的，在学习开始之初，对于学习的内容以及学习方式，董事会并没有确切的认识，因为这些因素都会受到不断变化的环境因素的影响，随时可能发生改变。

### 4.4.3　董事会创新能力的提升措施

#### 4.4.3.1　合格董事会的标准

大多数观点认为，称职的董事会只需确保公司的运营符合国家相关法律法规以及公司章程，避免出现违法、违背公司规定或企业文化的行为，包括防止财务舞弊、滥用控制权、利益歧视等。按照本书的逻辑，这种对合格董事会的判断标准并不全面，因为它忽略了董事会在推动企业成长中的责任以及为履行这种责任所需要具备的能力。董事会的真正使命是董事会全体成员共同发挥企业家才能，在确保经营层合规运营的前提下不断创新，实现社会效益和经济效益双丰收，实现超额利润，引领企业持续成功。在企业运作环境日新月异的情形下，董事会在确保企业更好适应环境变化的创新能力对于企业的生存和发展可能比合规性更为重要，更应成为判别董事会称职与否的标准。

具有强创新能力的出版企业董事会能够提升出版企业的核心竞争力，促进出版产业高质量发展，使之成为我国建设创新型国家的一支主力军。在当前复杂多变的国内外社会经济形势下，创新型董事会对于出版企业（尤其是国有独资出版企业）持续拥有核心竞争力，为我国建设文化强国提供强有力的基础保障是非常重要的。从另一个角度看，社会主义市场经济是优胜劣汰的竞争机制，出版单位从完成“转企改制”的那天起，就必须服从这一市场铁律。因此，提高出版企业的竞争力不仅是在坚持正确舆论导向前提下提高经济效益所必须完成的，也是企业自身发展所需要的。而要做到这一点，提高董事会创新能力是一个无法绕开的话题。

#### 4.4.3.2　出版社董事会创新能力的提升措施

1. 严格董事的资格认定

董事是组成董事会的“脑细胞”，优秀的董事会一定由优秀的董事所构成。要打造具有卓越创新能力的董事会，必须从严格董事的资格认定开始，从创新所需的知识结构出发遴选成员。

首先，为提高董事会创新能力，董事会成员除了要有很强的人际交往能力，对公司业务有浓厚的兴趣外，还应具备以下两项基本素质：（1）才智。董事必须具有一定学历和相关专业知识，有履行董事会责任的能力，能够敏锐地察觉主导企业业绩发展的真正动因。（2）直觉。董事应具有敏锐的商业直觉和判断力，能在决策时迅速抓住问题的核心。

其次，根据企业面临的技术、制度、市场环境的变化，对董事资格实行动态管理。董事会的创新能力来源于对新形势的敏锐直觉，如果没有熟悉新形势的专业人士，董事会将无法作出迅速而正确的反应，企业也就无法捕捉转瞬即逝的市场机会。因此，及时调整董事任职资格，吸收适应时代发展的专业人才，是确保董事会可持续创新能力的一个必备前提。

2. 优化董事会的知识管理

董事会的创新能力关键在于董事会的知识创新，而知识创新的基础是优化董事会知识管理。由于董事会成员的知识分为一般知识和业务专长，因此，如何对董事会成员进行合理、有效的知识组合，是保证董事会作为一个整体发挥企业家精神的前提。新一代出版企业的公司治理以董事会设立专业委员会为主要特征。其实，这些专业委员会的出现承认了非执行董事和执行董事以及非执行董事之间客观存在的知识差异，凸显了在董事会这个“知识型机构”中进行专业分工，提高决策效率的重要性。正是基于这种理念，国有独资出版企业的董事会制度应鼓励每一位董事依托审计、薪酬、提名、战略等专业委员会更深入地学习公司治理方面的知识，鼓励他们探讨某一个专题或某一个问题，在那些事关董事会业绩的重要领域内分别不断积累专业知识。这样使董事们不仅可以更好地了解企业的运行情况，而且在董事会讨论时能发表更准确的看法，为企业决策提供更有价值的意见。董事们之间分享的知识越多，他们作为整体了解的知识就越多，他们之间的沟通就越充分。不同的董事具有不同的技能，如果明确选择和认可每个董事的技能并进行适当的组合，董事会将更有效率。

3. 培育创新型董事会文化

虽然具有多元化的互补知识结构有利于董事会实现创新，但创新的真正实现还需要不同背景的专业人士相互启发，甚至进行客观、善意的“批评”。所以，培育富有进取精神的董事会文化是提升国有独资出版企业董事会创新能力的一个重要制度保障。

企业内形成的知识分工和专业化以及知识的意会性增加了不同专业之间的沟通难度，但良好的沟通机制可以减少专业性无知，提高协作效率，在分享他人经验的同时改进自己的知识，有助于企业成员增进理解，建立信任关系。宽松且积极向上的董事会文化一旦成为所有董事的共享知识框架，便会极大提升董事会创新的概率和力度。另外，在培育创新型董事会文化时应注意执行董事和非执行董事在性格上的合理搭配，既要避免专横跋扈、刚愎自用的管理者进入董事会，避免出现“一言堂”，阻碍新思想、新观点的出现，又要吸纳敢于质疑的专业人士担任公司的非执行董事。

## 4.5 小结

如果说出版企业（出版单位、编辑人）是知识产品的生产者（在数字化出版时代，作者已经与作为知识产品领导组织者的编辑在图书供给上纵向一体化）和版权资产的“储存器”，那么可以说是出版企业董事会（或编委会）在指导这个生产者如何进行知识生产，编委会成员的个人知识资本与编委会作为一个整体的组织知识构成了整个出版企业开展出版活动的基石。在现代公司制出版企业中，董事会是思想企业家精神的集体表现，由董事会知识资本所决定的董事会创新能力是出版企业高质量发展的内在动因，是打造出版企业品牌和核心竞争力的引擎。因此，出版企业应重视知识资本对董事会创新能力的推动作用，加大对董事会成员意会性知识显性化投资的力度，加强董事会组织学习与知识管理，降低董事会成员间的知识沟通成本，提高董事会的决策效率，从而促进出版企业高质量发展。

# 第 5 章　出版社质量管理制度构建与实施

著名出版家小赫伯特·贝利在《图书出版的艺术与科学》一书“论质量”的结束语中提出：“出版社并不因它经营管理的才能出名，而是因它所出版的书出名。”千方百计推出满足读者阅读需求的高质量图书，是出版社开展质量管理活动的目标，是出版社质量管理制度构建与实施的遵循。

选题策划是出版社持续运营的“棋眼”，好的选题策划是推出高质量图书的根本前提。第 4 章从出版社战略层面论述了选题策划的最终决策者——董事会（编委会）的创新能力，构建了出版社质量管理实践的基石。本章将进入出版社编辑加工、质量检验等执行操作层面。为了保证出版社业务人员各项岗位职责履行到位，确保出版社“双效”经营目标顺利实现，本章将采用全面质量管理方法探讨出版社质量管理实践。

# 5.1 出版社经营层面质量管理制度的构建与实施

## 5.1.1 出版社全面质量管理的制度基础与内涵

### 5.1.1.1 全面质量管理的制度基础——出版社质量责任制

出版社质量责任制是在符合国家出版政策的范围内，以图书质量为中心，以实现图书的社会效益和经济效益为目的，实行责权与薪酬激励相结合的出版社经营管理基本制度，是出版社全面质量管理的制度基础。出版社质量责任制，可以分为以下三个层次。

第一层次：社领导战略责任制，是指将社长任期内要实现的出版社战略目标，同社领导的责权与薪酬激励紧密结合起来的一种质量责任制度。

第二层次：部门执行责任制，是指出版社内部各部门事项的专业质量执行责任制。它包括各编辑部、质量管理、出版、财务、人事、行政、纪检等各专业执行部门的质量责任制。

第三层次：人员责任制，即社领导的战略目标要分解落实到各工作岗位的每位人员身上，形成编辑人员岗位责任制。人员责任制是通过“四定”，即按岗位定职责、按职责定计划、按计划定考核、按考核定奖惩，将责权与薪酬激励紧密结合起来。

#### 5.1.1.2　出版社全面质量管理的内涵

出版社在追求出版品牌价值最大化过程中，应大力推行出版社质量责任制，这是出版社质量总的计划，也是进行质量控制和改进的基础。全面质量管理（TQM）是企业管理中的一种科学管理方法，强调“全员”的质量意识，建立“全流程”“全覆盖”的质量保证体系，以质量责任制为核心，以办公自动化（OA）标准化流程申报审批为手段，努力提高出版质量，目的在于保证图书产品质量。

出版社作为经营版权产品的文化传媒企业，完全能够运用全面质量管理办法，对其版权资产进行有效管理。在推行出版社质量责任制的过程中，全面质量管理与经营绩效管理（包括社会效益评价得分、利润、成本、发行率等指标的管理）密切结合。

出版社图书版权资产的全面质量管理主要是指对出版社所出版的每种图书，从选题策划、三审三校、质量检验到版式设计、印刷、市场运营，即该种图书出版全流程、编印发各环节，制定出一套相对固定的生产流程、工作标准、图书质量检验标准等，同时制定图书质量责任制，使每个环节都有责任人，保证工作质量，提高图书质量。出版社图书出版实践全面质量管理的推行，要求每个出版社员工将“质量第一”的意识和“系统”的思维深植于脑海中，运用一整套科学的质量管理方法，通过“全员”“全过程”的图书质量管理保证图书产品质量指标合格。当出版社的每一项业务工作都有人负责、检查、评价、总结，才可能做到质量保障无死角，从而实现出版全流程的优化。

### 5.1.2 出版社全面质量管理的基本方法

开展任何管理工作，首先要“定调”，制定工作目标，然后按照工作目标去具体执行，在工作进行了一段时间后，把工作进度和绩效与工作目标进行比照（这种比照，也叫检查），并根据比照结果来改进工作方法或调整最初的工作目标。这被称为“计划—执行—检查—处理”管理工作方法，也被称为 PDCA 循环。它们是英语 Plan（计划）、Do（执行）、Check（检查）、Action（处理）四个词第一个字母的组合。具体到出版社，反映了质量管理工作“四部曲”：一是制订质量计划，如推出满足读者需求的图书精品；二是质量控制，即确保选题策划、调研需求、组织稿件、编辑加工、质量检验、市场营销各环节稳健运营；三是质量检查，即评价图书产品，将成书与目标图书在满足读者需求方面进行对比，对差异采取措施；四是质量改进，把成功的经验加以肯定，形成标准（失败的教训也要总结，以后不再这样干），以后就按标准进行。没有解决的问题，向下一个循环反映。

### 5.1.3　出版社全面质量管理的实施计划

#### 5.1.3.1　出版社成立独立的专职质量管理部门

实施出版社图书全面质量管理应有相应的职能机构来保证，因此应建立独立的专职质量管理部门，并明确其业务范围和与其他部门之间的工作联系。应遵循以下原则：一是适用图书出版全流程管理；二是有利于监督、考核出版全流程每个环节上的工作质量；三是有利于降低整个出版社的交易成本，提高出版效率。

#### 5.1.3.2　出版社图书出版全面质量管理的实施基础

**制定和完善图书质量管理文件**。图书质量管理政策是为了指导和帮助图书责任编辑实现图书出版流程优化而设计的一系列编校原则以及出版规则和流程。图书质量管理文件有利于编辑部门遵守各项出版法规，符合监管机构的规章制度，保证图书出版高质量，塑造出版社品牌，反映出版社的高质量发展策略。

**建立实施图书出版全面质量管理的工作基础**。为了有效推行图书出版全面质量管理工作，须具备两个前提条件：一是与图书出版业务相关的各项出版流程标准化、体系化；二是建立严格的图书出版质量责任制。业务流程标准包括三审三校业务标准、评级奖惩标准、图书质量标准，其中图书质量管理应以图书选题为核心，各项标准的制定应保证选题贯彻顺利实施，图书质量责任制与出版流程标准化相匹配，出版社的每一个编辑部、每一个编辑人员必须按工作标准履行职责。在出版社内部，无论是编辑业务部门还是综合管理部门，每一项具体工作都有第一责任人，做到质量工作事事有标准、人人有专责、时时有检查。同时把图书出版质量评级同部门和个人薪酬直接挂钩，根据工作标准和考核结果对有关部门和个人进行赏罚。要把每一本图书和每一位责任人有关出版工作的目标、执行、质检、评级记录在案，建立严格的质管档案制度。质量管理部门[①]负责整个图书出版业务质管档案的存档和查档工作，应建立的业务档案包括：图书编校质量检查管理办法、图书编校质量检查工作细则、图书编校质量检查流转单、初审编辑加工记录表及审读报告、复审编辑加工记录表、终审编辑加工记录表、图书编校质检报告、书刊印装质检报告、质检通讯等。

图书出版质量标准和图书出版质量责任制构成了图书质量保障体系，质量管理部在这一体系中发挥监测、检验、督促和协调作用，并直接对本社社长负责。

### 5.1.4　出版社图书全面质量管理工作的推行步骤

出版社图书全面质量管理需要全社人员认真参与、共同发力。开展这项工作，首先要对本社员工进行关于图书质量

① 有些图书出版企业执行质量管理职能的部门为总编室、综合审阅室等。

检验与管理方面的培训，向其介绍必要的质检规则和评级认定标准，使其深植“质量第一”的工作意识。有了全体员工的重视，全面质量管理工作就会搞得有声有色，就能够大见成效。

全面质量管理工作是以预防为主，把质量贯穿于出版全流程。出版社推行全面质量管理可以分为三个阶段进行，如表 5－1 所示。

**表 5－1　全面质量管理三个阶段的推行步骤**

| 推行步骤 | 初级阶段 | 中级阶段 | 高级阶段 |
| --- | --- | --- | --- |
| 方针目标 | 针对图书质量第一的观点，增强编辑的业务素质 | 图书质量等级结构日益合理，图书内容质量、编校质量大为提高，新出版图书具有较强的社会价值和经济价值实现能力 | 已有图书加新出版图书，进入适应思想市场需求的图书出版综合质量管理，形成图书版权资产的高效经营管理 |
| 推行重点 | 出版流程质量把关，建立质量管理部，建立严格质管档案制度，建立责任编辑图书质量负责制 | 从整体上优化设计出版图书的价值实现，完善图书质量责任制和工作标准 | 出版社经营适应思想市场变化，实现良好的经营绩效，实现政治性、思想性、效益性质量“三性”具备 |
| 关键 | 社长高度重视，员工根植质量意识，开展图书质量检验活动 | 社长和编辑部主任具有系统的质量管理理论水平，有一支既懂出版业务又懂管理的专业质检人才队伍，加强图书质量检验工作 | 全社员工在专业领域里有较高的技术水平或管理水平，“质量第一”意识已深入人心，保证图书质量已成为员工的内心需求 |

### 5.1.5　以 ISO 9000 为工具对出版社全面质量管理进行规范

工欲善其事，必先利其器。质量管理工作的实际推行需要采用已经被证明行之有效的质量管理工具。ISO 9000 系列国际标准是在总结各国质量管理经验基础上发展起来的，是经过各国长期实践而炼成的管理智慧。正确推行 ISO 9000 系列国际标准有利于全面质量管理的规范化、制度化，也可以说是隐性知识显性化。

#### 5.1.5.1 出版社推行 ISO 9000 标准的可行性

ISO 9000 质量管理体系之所以在近几年被世界各国广泛推行，主要在于其普遍适用性，其不受行业和产品的限制，各行业均能结合自己的实际情况加以应用。ISO 9000 标准的核心内容在于以满足客户及其他受益者明确的或隐含的质量要求为目标，通过建立具有很强约束力的文件化质量体系，使各项质量活动及影响质量的全部因素都处于严格的受控状态，并通过不间断的质量体系审核及管理评审，力求不断改进和提高质量管理水平，确保预期的质量目标得以实现。

可以看出，ISO 9000 质量管理体系是注重事前预防、事中控制的质量管理，是体系化的质量管理，是不断改进的动态质量管理。由此可见，任何一个企业和部门要保证质量、预防风险、提高经营绩效及增强品牌竞争力，都可以按照 ISO 9000 标准所要求的这几方面内容进行管理。

作为国民经济中的重要行业，出版业向全社会提供的是思想产品这种特殊产品，其生产和运营虽迥异于制造业，但出版社是企业，在管理上与制造业企业有着许多相通或相似之处。首先，出版业的图书产品生产是全流程生产，完成一个生产环节才能进入下一个生产环节，上一环节完成的质量影响下一环节的工作质量，这与制造业的“工序”类似，同样需要人员具有“工程师思维”，需要严谨、细致的分工协作。其次，出版社的每一类管理活动也可以划分为计划、执行、检查和处理四个阶段，同样适用 PDCA 循环。再次，出版社的每一本图书产品都是为特定的读者群体选题设计和开发的，同样要得到思想市场版权产品消费者——读者的认可。最后，出版社面对出版同质化问题，以及激烈的思想市场竞争和众多的版权风险，同样要建立和执行有效的、完善的质量保障体系，贯彻“全流程监控”“事前预防”“动态改进”的管理思想。因此，尽管 ISO 9000 标准起源于制造业并且偏重于制造业的管理特点，但它所蕴含的管理原理和方法对生产虚拟思想产品的出版社同样适用。

综上所述，推行 ISO 9000 国际标准，把它所蕴含的科学的管理原理和方法融入出版社的质量管理工作，稳步开展标准化、系统化、流程化、规范化的管理实践，对于出版社强化内部管理、防范版权经营风险、提高图书产品质量和作者读者服务质量、增强思想市场竞争实力大有帮助。

#### 5.1.5.2　ISO 9000 国际标准质量管理体系内容

ISO 9000 系列国际标准目前有三个版本：1987 年版、1994 年版和 2000 年版。虽然它们所蕴含的基本原理是一致的，但每一个新版本的问世都是一个不断完善、补充和改进的过程，体现了与时俱进的精神。这里以 2000 年版为范本来介绍。2000 年版标准共有“管理职责”“资源管理”“过程管理”“测量、分析和改进”四大部分主体内容。其中，“管理职责”“资源管理”是“过程管理”的前提，而“测量、分析和改进”贯穿系统全过程。质量管理体系总流程是一个闭环。

**管理职责：**管理职责是对企业所有人员权责的界定和划分，是建立并有效运行质量管理体系的基础和核心。

**资源管理：**资源管理是指提供质量管理所需的人力资源、设施、信息及与产品质量要求相符合的工作环境，作为对产品实现和持续改进的支持。

**过程管理：**过程管理是指以客户要求为主，对生产过程实施动态监测、跟进措施，以确保生产流程顺畅、有效运作，实现生产“全流程”动态质量监控，为客户提供高质量产品或服务。

**测量、分析和改进：**具体是指对最终产品或服务进行评级，对客户满意度进行调查，对整个生产流程人员工作表现、整个生产体系运营效果进行评价，找出问题，分析原因，总结经验，以持续进行质量改进。

#### 5.1.5.3 出版社推行 ISO 9000 标准应遵循的原则

（1）系统思维的原则

质量管理活动实质是一个系统工作。出版社在建立、运行和调整改进质量管理体系的各个阶段（包括分解、合并和调整人员职责，编制和修订质量管理体系文件，统筹协调各部门质量活动之间的对接与配合，建立和优化质量保障模式，监测和评价质量运行体系，等等），都必须树立“系统”的思想，追求科学严谨、内部协调的效果。

（2）预防为主的原则

预防为主是指将质量管理的重点从事后应对转向事前预防，全流程质量管理前端发力。不是等出现了不合格出版物被通报了才急慌采取召回等措施，而是将质量隐患消灭在萌芽状态，做到防患于未然。出版社应加大图书印前质检比例，质检人员应参加图书选题论证会，利用企业 OA 信息平台即时监测所有与图书质管相关的人力、物力、技术、监管政策等，所有管理活动都应针对消灭不合格产品，尤其是预防不合格。

（3）流程为重的原则

ISO 9000 对流程的定义是“业务流程是一组将输入转化为输出的相互关联或相互作用的‘活动’”。ISO 9000 标准强调“所有工作都是通过流程来完成的”。系统管理的核心和实质是流程，质量体系是通过流程来实施的。一个有效的质量体系中各流程是顺畅衔接、相互协调的。建立和实施有效的质量体系，出版社应根据本社的具体情况确定图书出版流程，确定流程运行步骤及相应的人员权责、物力和技术。

（4）“读者至上”的原则

确立“读者至上”的观念，满足读者对思想产品的合理需求，是出版社建立质量体系的核心。衡量所建立的质量体系是否有效，首先要看所提供的思想产品的质量是否符合以下要求：满足读者期望；以有竞争力的价格及时提供；符合国家的政策和法规，符合舆论导向；符合社会要求，符合社会主义核心价值观；反映环境需要；等等。

（5）动态发展的原则

质量管理体系本身是一个系统，系统是动态演化的，构建质量管理体系不可能一蹴而就，而是一个持续完善的过程。为了向作者提供更多的收益、向读者提供更多的优质精神产品，为了提高出版活动的效益和效率，出版社在实施质量体系的过程中应下意识捕捉质量改进机会，努力培育全社重视质量的企业文化，采取有效的纠正措施或预防措施，使质量改进成为一种经常性的活动和阶段性的目标，并重视反馈和人员质量改进的“头脑风暴”，随着技术的升级和发展，以恰当的方式保持和巩固质量改进成果。

（6）注重“双效”的原则

出版社作为思想市场中读者和作者的代理人，目的是使读者在一定的货币和时间精力约束下获得更多的优质知识和信息。因此，一个有效的质量体系不仅要能满足读者的需求和作者的期望，而且要能保障出版社在思想市场实现超额利润，这样的质量体系是在考虑系统、流程、绩效、成本和风险的基础上使质量最佳并且对出版质量加以控制的有价值的优质出版资源。

#### 5.1.5.4　出版社推行 ISO 9000 标准的步骤

推行 ISO 9000 国际标准是一项复杂和难度系数颇大的系统工程，要达到预期的效果，须统筹兼顾，上下齐心，全员一起发力。贯标主要有以下四个阶段。

（1）论证及决策阶段

理论指导实践，战略决定执行策略和操作攻略。成功的执行来源于充分的调研、严谨的论证和正确的决策。对于出版社来说，推行 ISO 9000 标准是全社的一件大事，应在论证和决策上下功夫，认真贯彻战略决策层的意图，为推行 ISO 9000 标准工作创造良好的开端。这个阶段，首先是要围绕本社出版质量具体情况，对本社贯标的可行性与必要性展开充分论证，论证结果以可行性报告形式提交董事会（编委会）审议。可行性报告一般应包括贯标的具体条件、贯标的主要难点和堵点、贯标的拟实现效果和贯标总体实施方案等。其次是明确目标并科学决策。董事会（编委会）审议可行性论证报告，可采取召开社长办公会的方式进行，审议的重点在于本社推行 ISO 9000 标准的目标是什么。最后是形成并发布推行决定，审议通过以及董事会作出全社推行 ISO 9000 标准的决定并在企业 OA 信息平台发布文件告知全社。

（2）全社统一思想认识阶段

**思想预热**：为了使各级管理层和广大员工根植“质量第一”“系统思想”“流程为主”的意识，对贯标目标和前景达成共识，要召开中级管理层动员会和全社宣讲大会。

**培训骨干**：出版社要在进行充分动员的基础上，在贯标范围内组织实施贯标业务骨干人员培训和贯标专题辅导，培养一批领头人；各编辑部及其他综合服务部门要结合贯标的进度和各自具体业务情况，进行贯标的基础知识学习和问答，以使贯标思想普及到全体职工。

**组织准备**：为了贯标工作的有效开展，强化对贯标工作的部署、执行、推动和协调，全社要成立 ISO 9000 推行工作领导小组，将办公室设在质量管理部并配备质量管理专员，负责本社质量体系的建立、执行和健全工作；董事会要指定图书质量总监、质量管理部主任和质量管理专员，负责具体落实本社的贯标任务。

**沟通协调**：建立出版社内部信息共享沟通机制，质量管理部充分发挥上情下达、联络协调、民意调研作用；全社贯标部门要加强条线管理，逐级深入基层，开展“头脑风暴”，以提高执行效率。各编辑部要定期通过质量管理部向战略层反馈有关信息，遇到问题及时沟通并主动提出富有参考价值的意见和建议。

（3）建立质量体系阶段

这个阶段的主要任务是把 ISO 9000 国际标准的质量体

系要求与出版社的质量管理实践结合起来，使企业质量体系文件化、制度化，使质量管理制度隐性知识显性化，此是出版社推行ISO 9000标准的预备阶段。建立质量体系阶段包括文件化质量体系的策划和文件化质量体系的构建两个方面。

**文件化质量体系的策划：**分析和归纳读者需求，在此基础上确定质量方针和质量目标，形成重视质量的企业文化，使之成为全社员工的共同意识和行动纲领。对本社相关业务流程进行分解，找到与ISO 9000质量管理原理和方法相结合的最佳导入点，并将ISO 9000标准逐一转化为本社的相关质管活动，使每一个业务部门、每一个管理层级、每一个操作流程都处在环环相扣、相互制约、相互促进的有机联系之中。对本社相关质量职责进行分解，将ISO 9000标准与全社、各业务部门的工作职责一一对应，理顺职能和层级的权责接口，使每一项工作职责都服从本社的质量方针和质量目标。文件化质量体系策划的总体要求在于：所有质量管理活动都要符合标准化、规范化、流程化的要求，质量管理活动是一项动态系统工程，自始至终处于受控状态；在既定的职责范围内，每个员工都承担相应的质量管理职责，既是执行者又是监测者。

**文件化质量体系的构建：**对照ISO 9000标准的要求全面分析质管现状，彻底诊视现行规章制度和执行规范。在此基础上找出原有质管体系存在的漏洞及改进措施，进而确定文件化质量体系的基本框架，结合文件化质量体系策划的内容，确定质量体系文件编写计划，责成质量管理部编写，要求质量管理部按期完成所承担的编写任务。为确保文件化质量体系符合要求并有效，质量体系文件定稿之前应全面、系统、分层次、分批征求 ISO 9000 推行工作小组、管理层和执行层的修改意见，同时通过多种途径验证质量体系文件的可操作性，如分阶段、分层次、分批次、分部门、分专题召开质量体系文件评审会议。建立文件化质量体系的总体要求在于第一层次、第二层次、第三层次质量体系文件之间衔接顺畅、条理清楚，形成一个全面控制质量活动、全员参与质量管理的有机整体；每一项质量活动都能满足六个“W”（做什么，由谁做，何时做，何地做，为什么做，怎么做）的要求，并以质量体系文件的形式固定下来。

（4）实施质量体系阶段

这个阶段主要是把满足 ISO 9000 标准要求的质量体系文件付诸实施并加以完善，是决定贯标工作能否完成的关键阶段。

使全社员工贯标思想统一，质量意识深植，使其逐步了解 ISO 9000 标准的质量管理原理和方法，自觉应用，破除某些部门本位主义的思维定式，摒弃某些狭隘肤浅的做法，具有系统思维和全局观点，全面落实贯标的各项任务和要求。

按照“全社一系统有机体”的贯标思路开展工作，定期开展“头脑风暴”，要求所有员工明确个人责权、理顺各种工作关系、工作接口，并加强沟通协作，在各自岗位上深耕，“兵为将谋”，不断分析新情况、提出新对策、解决新问题。

为确保质量体系运行的顺畅，质量管理部针对贯标工作中相关编辑部门存在的执行问题，特别是质量管理部审核中发现的不合格项和待观察项，迅速组织力量整改，按权责、级别、具体业务，制定、落实纠正措施和预防措施，修补漏洞。同时要求其他部门引以为鉴，举一反三，避免同类问题再次发生。

质量管理部定期发布质管报告，披露质检结果，实施质管评审，从总体上评价和审查质量体系的运行效果，分析质量体系运行中存在的共性问题，及时向董事会反馈，并采取必要的改进措施。

### 5.1.6　案例分析

××出版社 2024 年第一季度图书质量情况分析。

情况介绍：××出版社 2024 年第一季度出现不合格图书 2 本。

分析：全社出现不合格图书的编辑部门有第 D 编辑部、第 Y 编辑部，各有 1 本不合格图书。分析这两本不合格图书，主要差错在于：一是文字错误，如出现多处错字、多字、少字、标点错误；二是数据错误，如数据计算错误，文图、文表数据不一致等。可以看出，造成差错的原因在于“三审三校”执行不认真。

找到了出现不合格图书的原因，作为出版社管理者来说，在下一季度就要从此入手开展图书质量管理活动。质检严重不合格图书，退回重编，重新进入三审三校程序。不合格图书的责任编辑及其编辑部主任被责成认真进行编辑加工，切实修改错误并引以为戒。

### 5.1.7 出版社质量管理评价的 Malmquist 指数解读

Malmquist 指数可分解为技术变化指数 $FS_0$ 和综合效率改善指数 $TEC_0$（见下式）。

$$M_0^{t+1} = \left[\frac{D^t(x_0^{t+1}, y_0^{t+1})}{D^t(x_0^t, y_0^t)} \frac{D^{t+1}(x_0^{t+1}, y_0^{t+1})}{D^t(x_0^t, y_0^t)}\right]^{1/2}$$

$$= TEC_0 \cdot FS_0$$

$$TEC_0 = \frac{D^{t+1}(x_0^{t+1}, y_0^{t+1})}{D^t(x_0^t, y_0^t)} = R_3$$

$$FS_0 = \left[\frac{D^t(x_0^{t+1}, y_0^{t+1})}{D^{t+1}(x_0^{t+1}, y_0^{t+1})} \frac{D^t(x_0^t, y_0^t)}{D^{t+1}(x_0^t, y_0^t)}\right]^{1/2}$$

$$= (R_1 \cdot R_2)^{1/2}$$

其中，综合效率改善指数 $TEC_0$ 代表了 $t$ 到 $t+1$ 时期之间的质量管理水平的变化——“追赶效应”，衡量了决策单元（各编辑部门）是否更靠近当期的生产前沿面进行生产，定义为效率改善部分，反映了编辑部门图书质量的提高和效率的改善。笔者认为，综合效率改善指数可以作为编辑部主任薪酬评价的参考指标。技术变化指数 $FS_0$ 描述了生产前沿面的移动——“前沿面移动效应”，这种效应表明了技术的进步和创新，定义为技术进步部分。技术变化指数反映了出版社的前瞻性，即数字化转型的完成度，即编委会的创新能力。

其中技术变化指数又可分解为：

$$FS_0 = \left[\frac{D^t(x_0^{t+1}, y_0^{t+1})}{D^{t+1}(x_0^{t+1}, y_0^{t+1})} \frac{D^t(x_0^t, y_0^t)}{D^{t+1}(x_0^t, y_0^t)}\right]^{1/2}$$

$$= (R_1 \cdot R_2)^{1/2}$$

若 $R_1 > 1$ 且 $R_2 < 1$，表明出版社从负向移动面向正向移动面移动，编辑部处于一种好的状况，说明适应读者的需求变化，且应用新技术提高出版效率，编委会决策效率还可以，出版社质量有保证。在这种情况下，若 $FS_0 > 1$，此出版社被列为高质量出版社，已经建立了声誉和品牌；若 $FS_0 < 1$，此出版社有潜力，正处于发展中，有上升空间。

若 $R_1 < 1$ 且 $R_2 < 1$，表明决策单元从正向移动面向负向移动面移动，出版社处于退化期，是一种很不好的状况。可能其编委会知识更新速度减慢，跟不上读者需求的变化，创新能力不足；也可能其数字化转型推进缓慢，还没有找到与之适应的增长点。

## 5.2　编辑质量意识下的思维方式与书评工作

### 5.2.1　编辑质量意识下的四种思维方式

出版业高质量发展的关键在于优秀出版人才具有质量意识并充分发挥其能动性。在科技日新月异、出版环境发生深刻变化的当下，编辑作为图书这一版权产品生产的组织者，其思维方式直接决定了其工作成效，对其个人职业生涯、出版单位“双效”实现，乃至出版行业高质量发展、社会新质生产力提升都具有不可忽视的意义。下文将按出版生产力发展阶段，相应将编辑思维方式分为如下四类加以论述。

#### 5.2.1.1　工匠精神

2016 年，“工匠精神”首次被写入政府工作报告。2020 年，习近平总书记在全国劳动模范和先进工作者表彰大会上指出，在长期实践中，我们培育形成了执着专注、精益求精、一丝不苟、追求卓越的工匠精神。可以看出，工匠精神的实质是“敬业”，把工作真正当成自我价值实现的途径，而不仅是谋生的手段。工匠精神是职业道德的核心，已成为各行各业从业者共同遵守的职业信条和行为操守。

东汉王充《论衡·量知》中有载，“能雕琢文书，谓之史匠”。“史匠”就是“编辑”。可以看出，“编辑”自诞生之初即内含着工匠精神。现代编辑工匠精神体现在行为方面，即对稿件的逐字逐句精读，在审稿过程中不放过一个标点符号，在印刷装帧方面仔细谨慎，将作者稿件当成自己的创作成果一般严肃认真对待，将稿件再加工再创作成文字精品向读者展示，使读者拥有良好的阅读消费体验。“工匠精神”是编辑必须具备的最基本、最核心的职业道德，是编辑思维体系的核心。在出版产业化、图书商品化浪潮中，“工匠精神”可以使编辑与功利保持距离，保留人文理想情怀，推出社会效益和经济效益俱佳的图书产品。是否具备“工匠精神”是编辑品位进而是出版品牌的判断标准。

树立培养编辑工匠精神，从出版社角度，一方面，要加强对新入社青年编辑的职业道德培训，多组织优秀资深编辑座谈，向其讲授一些工匠精神成功案例以及反面失败案例；另一方面，要完善出版社质量管理体系，使编辑时刻绷紧一根弦，不愿不敢不能敷衍了事、马虎大意。从编辑个人角度，要保持一种职业热情，时时反省，时时牢记职业价值。

#### 5.2.1.2　工程师思维

工程师文化主要是由劳动分工导致的。在纸质图书机械化印刷时代，一本图书的出版，相当于一项思想产品项目的完成。责任编辑可视作思想产品工程师。工程师文化的核心特质是理性思维、问题导向和创新精神，这同样适用于编辑。

理性思维首先要基于事实，尊重常识，实事求是，它建立在证据和逻辑推理基础上，对事物或问题进行理性的观察、比较、分析与综合、抽象、概括。理性思维与科学思维是高度相通的，尊重来自无数次试错和探索得到的经验总结，它尊重常识。编辑组织思想产品生产的前提是对读者需求进行充分的调研，筛选出符合读者需求的稿件，进而进行编辑加工。这需要客观严谨的态度和耐心，其中理性思维发挥主导作用。

解决问题（Problem Solving）是工程师的使命，工程师文化从来都是问题导向的。注重解决问题的特点，也形成了重视产品/工程质量的文化内核。出版是“内容为王”的行业，高质量图书是出版社的生命线，编辑时刻关注影响图书出版质量的各种问题，并随时加以解决。

创造性是工程师文化的重要内核。工程师最重要的责任，是通过技术手段和系统方法，把创造性的设计思想/目标，以工程的手段来实现。这种工程意义上的创造性，高度强调流程、系统、组织、协同，它不是靠灵光一现就能完成的激情创造。与作者的原创性工作不同，编辑是在原创基础上的再创作，整个图书出版过程是流程化的、系统的、有组织的，是由选题策划、论证、编辑加工、校对、印制、质检、营销各部门协同完成的，是高度重视质量管理的，这是编辑工程师思维创造性的体现。

在人类工业化、现代化的过程中，工程师文化起到了重要的作用，因为一个现代世界的建设和发展，在很大程度上是靠各种各样的工程师来实现的。在机械化纸质印刷时代，工程师文化对出版社有极为重要的作用。

#### 5.2.1.3　互联网思维

编辑的互联网思维是在互联网、大数据、云计算等技术不断发展和应用于出版业的数字化出版时代，编辑对出版生产力和生产关系这一对矛盾的认识角度和思考方式。

这种思维的重点是互联网技术的发展促进了出版生产力的提高，思想市场、读者、作者、思想产品、版权、出版流程、出版价值链乃至整个出版行业的生态都被重新定义。

任何时代，“满足读者阅读需求”永远是出版实践活动的中心目标。在数字化出版时代，“读者至上”的编辑意识具体表现包括：利用互联网、大数据技术调查数字化时代读者的阅读需求；打造数智化知识服务产品，丰富读者的数字阅读体验，使读者能耗费更少的时间和精力获得知识和信息；思考出版全流程数字化再造，下意识积极推动出版社数字化转型，积极适应出版行业的颠覆式变革。在数字化出版时代，如何提升出版社董事会的创新能力和出版社核心竞争力，是编辑应用互联网思维的认识指向。

互联网思维的主要特征包括“大数据、零距离、趋透明、慧分享、便操作和惠众生”。具体到出版实践，大数据是推动出版生产力发展、引发出版生产关系变革的技术动因，整个出版业态正在被大数据技术重塑。互联网大大拉近了思想市场读者和作者的距离，大大降低了整个思想市场的交易费用，缩短了思想产品生产流程，改变了版权产品的价值实现方式，引发了编辑工作方式、工作场景的改变和对职业道路选择的思考。整个出版业态的数字化转型，数字出版平台的构建、改进与完善，使整个出版社编、印、发运转体系、管理制度与实操数字化、透明化、绿色化，提高了编辑的工作效率和出版社的全要素生产率，改善了工作环境。在数字化出版时代，电子书逐渐替代了纸质图书形态，正在向数智化知识产品升级，网络效应使图书日益软件化，图书的忠实读者群极大影响了版权产品的价值实现，并扩大了大众对思想产品的接入，提高了社会总福利。

互联网思维对包括出版业在内的各行各业影响深远，它使编辑重新认识出版社的生产方式和运营模式，促进了出版社组织结构的扁平化，促进了出版社组织学习，提高了出版社的创新能力。

#### 5.2.1.4 创新思维

工匠思维、工程师思维、互联网思维这三种思维方式对应图书出版的手工作坊时代、机械化印刷时代和数字化出版时代，是出版生产力与生产关系相互矛盾、相互作用在编辑职业素养方面的体现。三种思维方式不是对立的、非此即彼的，而是相互融合，低级思维催生出高级思维，高级思维吸纳了低级思维，这三种思维的实质是创新思维，是编辑下意识的创新意识。无论出版生产力先进到何种地步，具有创新思维的编辑始终是思想产品的生产组织者，是富有创新精神的思想产品企业家，他们敬业、关注读者需求、解决出版问题、重视流程、视图书质量为生命线，推出高质量思想产品，并追踪、学习、利用最新技术来组织思想产品的生产和传播。

### 5.2.2　编辑的书评工作

如果说编辑是作者与读者之间的桥梁，那么编辑的书评工作就是这座桥梁的重要表现形式。编辑不仅要组织协调出版资源，打造并推出精品力作，还要使之最大限度对公众接入，从而实现其出版价值最大化。书评工作是其中重要一环。政府相关部门、学术界、出版界等只有对编辑书评工作予以充分重视，才能最终推动出版业的高质量发展。

#### 5.2.2.1　书评的实质是创作

书评简而言之就是对于图书的评论，主要包括对图书内容、逻辑结构、写作背景、主要结论、政策建议、研究价值的介绍和评论。书评不是简单地对原作缩写摘抄，是书评作者依靠自身的知识储备，依据自己的学术评价标准，独出机杼地对原作创作背景、创新之处、创作价值、行文风格等的评论，最终形成的是书评作者自己对某一现象或问题的观点和看法，是书评作者自身的人格体现。书评是书评作者与原作作者的思想对话，也是与原作其他读者的交流，其实质是以原作为创作素材，在原作基础上的再创作。

#### 5.2.2.2 书评“评”什么

具体到书评的具体创作，从字面意思理解，书评即对原作的评论。书评创作首先要通读并充分理解原作，这是书评创作的基础前提。有些书评作者或通过相关文献综述、已有书评等二手信息，或略读图书摘要片段，就贸然评论原作，未免失之武断。书评需要作者持有中正平和的创作态度，以使之具有最大程度的客观性，这也是对原作作者的尊重。书评是对原作在充分理解基础上的理性客观介绍，更重要的是“评”，“评”的是原作的创新之处、价值之处，或与其他同类作品相比有待改进之处，这对书评作者的知识储备、知识结构、学术水平、鉴赏水平来说是大的考量。更进一步，要以原作为素材，在评论原作基础上最终形成书评作者自己的观点和看法，这可以说是书评的高级境界，某种意义上属于严肃学术研究范畴。可以看出，书评创作是书评作者通过对原作的阅览实现自我提升的过程，书评作为出版资源，对原作作者、读者、编辑、书评作者都有重要的意义。

5.2.2.3　一种重要的出版资源

（1）原作作者

原作作者是图书思想产品的生产者，是图书思想产品产业链的上游。书评对原作作者的作用不言而喻。原作有书评，就意味着原作被关注，被关注就意味着有影响力，意味着原作作者的人格被看到。偏向肯定的书评，意味着对原作作者创作的认可，可提高原作作者的声誉，有利于实现原作的版权价值，也是对原作作者后续创新的激励。偏向批判的书评，有利于思想交流，有利于原作作者的思想表达改进，有利于其后续创作的提升。特别是来自专业学术团体的书评，反映了原作作者与其他同一专业学术团体成员间的关系，有利于同一学术共同体研究范式的巩固完善。而来自对立专业学术团体的书评，则更体现了原作的学术价值与原作作者的学术地位，对于促进思想市场竞争、繁荣思想市场、促进学术创新，更富意义。

（2）书评读者

书评读者是图书思想产品的需求者。书评可以视作关于图书思想产品的宣介广告，是图书著作权价值实现的重要工具，是出版社发挥思想市场读者与作者的代理人角色的重要工具。对于从未阅读过原作的潜在读者，其通过阅读书评，可以快速了解图书产品的相关信息，包括内容、结构、创作背景、结论等，有利于作出是否购买并阅读的决策，从而节约了思想市场的交易费用。对读者来说，一篇富有吸引力的文采斐然的书评，就是“买椟还珠”的“椟”，是作出图书购买决策的关键。对于已经阅读过原作的读者，阅读书评可以开阔视野，了解其他读者的阅读体验，促进与其他读者的思想交流。

（3）编辑

无论对于图书思想产品的生产者还是消费者来说，书评都能发挥重要作用。对于作者与读者之间桥梁的编辑，书评是重要的出版资源，书评是其作者工作与读者工作的关键链接和纽带。编辑自己撰写的书评，是编辑与作者的对话，是编辑对原作组织出版工作的思考与总结，是编辑对自己工作的评价和反思。编辑邀请合适专家学者撰写书评，反映了编辑对图书思想产品需求的考量以及学术脉络的认识，有助于开拓作者出版资源。综上所述，编辑的书评工作，是对作者这一出版资源的巩固维护，更是对相关专业学术团体这一出版资源的开拓。书评对编辑自身，无论是思想认知还是人脉扩展，都是很有效的提升方法。

书评最终目标是让读者关注原作。一篇成功的书评可以将同一著作的多个读者联系起来，同一著作的多篇书评将形成基于原作的读者网群，而这张读者网群还会接入相关著作的读者网群，不断接入重叠扩张，将成为原作版权衍生开发的网络基础。读者网群，以原作图书为纽带，带有社交属性，是图书思想产品网络效应的重要体现，是图书版权价值实现的关键因素。可以看出，在“大版权”生态培育、出版品牌打造、增加读者黏性方面，书评发挥着重要作用。

#### 5.2.2.4　书评工作的发展策略

人工智能时代来临，信息呈爆炸式增长，整个社会生产生活方式将发生颠覆性变革。出版业态首当其冲，图书思想产品的生产、加工、消费间的界限将越发模糊，编辑将成为思想产品生产的组织者，传统出版社将演变为综合版权服务的提供者，传统出版业将演变为“大版权”生态。无论业态如何演变，书评都将发挥降低信息产品版权价值实现的交易成本、促进思想交流的重要作用，并将在科技的助力下，以新的形态参与“大版权”出版生态的构建和发展。这就要求各界联动，以书评为纽带，合力推动“大版权”生态健康繁荣。

（1）出版界

出版社应鼓励编辑撰写书评，在编辑工作考核、职称评定中加入书评发表要求，并将书评的阅读量、转发量、下载量、引用次数、发表媒体档次作为评级权重。建议出版社单独成立书评内刊，收录一段时期内由编辑撰写的书评，以及编辑邀请其他专家撰写的书评，由出版社质量管理部门负责审阅评级，并由出版社宣传部门按评级负责宣传。

（2）学术界

建议高校、科研院所在人员职称评定中，进一步将关于候选人著作、论文的已发表书评、文评列为评定参考条件，对书评与文评的数量、下载量、引用量、转发量、发表媒体档次赋予适当的权重，以突出候选人著作、论文的影响力。

（3）图书馆界

图书馆员可将出版社所提供的书评作为收购图书的依据。对于有价值的图书，图书馆员可撰写书评，作为引导读者阅读的助力。在图书馆信息化转型中，可将图书书评链接信息整合进馆藏书目检索系统，进一步降低读者的信息搜索成本，帮助读者尽快作出阅读决策。

（4）政府监管部门

相关政府部门应重视版权输出图书书评的翻译宣传工作，对于有对外宣传价值的图书，可邀请同领域国际专家学者撰写书评，加强与跨国出版集团的交流合作。

#### 5.2.2.5 结论

书评是对图书的评论，是在充分理解原作的前提下，以原作为素材，在原作基础上的再创作。书评是重要的出版资源，对作者、读者、编辑乃至整个出版产业都具有重要的意义和价值。在人工智能浪潮来袭的当下，应以书评为纽带，出版界、学术界、图书馆界、相关政府部门各界联动，合力推动“大版权”生态健康繁荣，促进图书出版业高质量发展。

## 5.3　小结

本章主要在操作执行层面进一步探讨了出版社质量管理制度的构建与实施策略。出版单位要强化质量管理制度建设，实施质量责任制，在推行过程中，应采用全面质量管理方法，要求每个出版社员工都将“质量第一”的意识和“系统”思维深植于脑海中，做到全员有大局、各环节全流程全覆盖，质量保障无死角，每一项业务工作都有人负责、有检查、有评价、有总结，实现出版全流程整体优化，保证图书产品质量，塑造出版质量品牌。在计划实施中，应成立独立的专职质量管理部门，建立和完善图书出版业务质量管理档案制度，以 ISO 9000 为工具对出版社全面质量管理进行规范，遵循系统思维、预防为主、流程为重、读者至上、动态发展、注重双效的原则。可采用 DEA 数据包络分析法与以之为基础的 Malmquist 指数法对出版企业董事会创新能力与各编辑部门运营效率进行评估。本章最后在编辑人员层面论述了编辑质量意识下的工匠精神、工程师思维、互联网思维、创新思维四种思维方式，以及书评这一重要的编辑质量实践活动。

附 5－1：

# 高质量发展阶段下“分好蛋糕”的中国式思考与应对

## ——评《KC 改进、公平多维拓展与居民收入分配差距容忍度研究》

### 一、高质量发展阶段下“分好蛋糕”至关重要

“不患寡而患不均，不患贫而患不安”，收入分配自古以来就是事关政局稳定、社会长治久安的关键问题。时间进度条瞬时拉至正在进行中国式现代化建设的今朝。尽管中国近年来收入差距整体趋势有所缩小，但“基尼系数”和“最高与最低收入比”仍处于较高水平，财产性收入占比持续攀升，城乡、地区、行业收入差距明显。诸多数据证明分配不平等现象并没有随着我国经济的持续增长而消失。在我国经济已由高速增长阶段转向高质量发展阶段的当下，“分好蛋糕”的重要性没有丝毫下降，由于事关国民直观的心理获得感、公平感、幸福感的高低，某种意义上甚至可以说，“分好蛋糕”是持续“做大并做精蛋糕”的根本前提，是最终决定一个社会经济能否持续增长发展的关键。如果“蛋糕没分好”，那么持续“做大并做精蛋糕”终将是一场镜花水月。高质量发展阶段下如何“分好蛋糕”，进而增强全体国民的幸福感，是本书力求解答的导向问题。

## 二、西方经济理论的中国式创新与实证检验

实践以理论为指导。“做大蛋糕”与“分好蛋糕”——经济增长与收入分配的关系，是经济学的基础性问题，凭其思想选题魅力吸引着一代又一代经济学家呕心沥血、穷经皓首、沉迷其中、乐此不疲。在库兹涅茨曲线首次将二者关系作了统计上的尝试后，各流派经济学家从不同视角对其进行理论解读，但系统的、能够囊括不同学说的理论解释仍未建构起来。

本书即以库兹涅茨曲线为研究起点。在进行大量收入分配差距相关经济学文献回顾和数据整理的基础上，形成了 KC 曲线理论建构的主体研究框架。通过研究收入分配差距容忍度多维公平影响因素，形成收入分配差距容忍度指数，构建收入分配差距容忍度机理与测度模型，对 KC 理论形成机制、作用机理、影响程度等问题进行深入探讨。最后，对 KC 曲线理论与收入分配差距容忍度进行系统整合，实现 KC 理论改进并最终形成一般化的 KC 理论。

值得注意的是，本书并不是简单地以现有西方经济理论为基础采用中国数据做实证检验，而是创造性地将经济学界较少关注的“收入分配差距容忍度”这一社会学概念引入现有西方经济理论，对现有西方经济理论进行改进，而后采用现代实验经济学前沿方法和中国数据进行计量实证分析，得出结论，进而得出相应的政策建议。本书逻辑严密，层层递进，结构合理，数据翔实，研究扎实，体现

了作者深厚的经济理论素养。这是中国经济学者在一般意义上对经济理论的拓展和贡献，是作者数十年磨一剑，持续关注经济学前沿动态，知识日积月累、呕心沥血思考的结晶，丰富了整个社科学界认知。可以毫不夸张地说，本书理论层次的强创新性使其在汗牛充栋、卷帙浩繁的收入分配领域文献中熠熠闪耀着一代社科经典的光芒。

## 三、收入分配这一全球问题的中国经验与借鉴

对中国收入分配这一问题如何解决，经过理论创新构建、实证检验，作者得出六方面政策建议（此处略）。作者特意强调了将“经济预测作为经济制定的依据”和进行分配制度改良，将“提高社会差距容忍度”作为改善收入分配状况的政策核心，注重政策间的协调配合和系统化整合改进，最终给出的政策建议是客观理性的、中正平和的、富政策操作性的，有助于降低改革的交易成本，为收入分配这一全球问题，尤其对于发展中国家，提供了中国式经验与借鉴。

## 四、难得一见的社科学术力作

综上所述，本书创造性地将经济学界较少关注的“收入分配差距容忍度”这一社会学概念引入库兹涅茨曲线这一现有西方经济理论，对KC曲线进行理论改进。随后采用现代行为经济学前沿方法和中国数据进行计量实证分析，得出结论，进而得出相应的收入分配问题政策建议。本书思想极具原创性，逻辑严密，层层递进，数据翔实，研究

扎实，客观中正。这是中国学者在一般意义上对世界经济理论的拓展和贡献，丰富了社科学界认知，为收入分配这一全球问题提供了中国式经验与借鉴，是社科领域难得一见的学术力作，是中国金融出版社集优质出版资源打造的“双效”学术精品。本书对于政策制定人士、社科研究人士、具有企业家精神的开创者，以及一切爱国爱民、为国为民的有志之士、有识之士，都具有重要的参考价值，值得认真一读。

附 5 - 2：

## 《××××》编辑加工记录（问题）

| 页数 | 行数 | 问题 | 修改意见 |
|---|---|---|---|
| 封面 | ↓2 | 教育部人文社会科学研究项目（）中期成果，请在括号内添项目编号“23XJA790002” | 请添加 |
| 全书 | 所有图表 | 所有表号、图号请按章排序 | 请改 |
| 正文 12 | ↑7 | 建议添加洛伦兹曲线图形说明 | 请加图说明 |
| 13 | ↑2 | “用来度量收入分配”还是“用来度量收入分配不均衡程度”？ | 请确认 |
| 15 | ↓10 | “该方法致力于比较”请进一步论述比较什么 | 请进一步论述 |
| 15 | ↑1 | “正义的使用范围”还是“正义的实践范围”？ | 请确认 |
| 19 | ↓7 | “公平收入”还是“相对收入”？ | 请确认 |
| 20 | ↓16 | “不公平”还是“不公正”？ | 请确认 |

续表

| 页数 | 行数 | 问题 | 修改意见 |
|---|---|---|---|
| 21 | ↓7 | “发展成为国家经济增长路上的一大绊脚石”？不符合常识 | 请确认说法 |
| 21 | ↓12 | “中等发展中国家两边为难”还是“这些夹在中间的国家两边为难”？ | 请确定 |
| 22 | ↓5 | “王一鸣（2011）”文献与“中等收入陷阱”有什么关系？ | 请确定 |
| 24 | ↓4 | “综合评估标准”还是“综合评估”？ | 请确定 |
| 24 | ↓6 | “王美霞、王萍（2007）”是“王美霞和王萍（2007）”（这是同一篇文献两个作者）还是“王美霞（2007）、王萍（2007）”（这是两篇文献两个作者）？ | 请确认 |
| 全书 | | “收入差距”统一改为“收入分配差距” | 请修改 |
| 全书 | | “收入不平等容忍度”统一改为“收入分配差距容忍度” | 请修改 |
| 30 | ↓3 | “但俱乐部趋同形势明显”？语义不通 | 请确认说法 |
| 30 | ↓5－6 | “公共服务”还是“公共物品”？ | 请确认 |
| 30 | ↑3－5 | 没有在“参考文献”找到对应的文献信息 | 请确认 |
| 30 | ↑7 | 不同英文名之间没有间隔，请确认 | 请确认 |
| 33 | ↑9 | “公共将对经济增长等社会效率和经济自由度产生重要影响”还是“公平将对社会效率和经济自由度产生重要影响”？ | 请确认说法 |
| 34 | ↓11 | “拥有资产”还是“拥有财产”？ | 请确认 |
| 34 | ↓12 | “收入分配形成”还是“收入分配差距”？ | 请确认 |

续表

| 页数 | 行数 | 问题 | 修改意见 |
|---|---|---|---|
| 38 | ↑9－7 | “在一定的文化模式中，某种行为是否符合标准，是随着博弈规则中越来越和人们采取某种策略选择的情境而不断改变着，导致博弈规则的变化。”语句不通 | 请修改 |
| 38 | ↑5 | “秩序化”还是“秩序”？“其过程的实现和变迁”还是“其实现和变迁”？ | 请确认 |
| 39 | ↑2 | “难以生存的福利评价体系”还是“难以立论的福利评价体系”？ | 请确认 |
| 41 | ↓9 | “文化制度即权力配置”？ | 请确认说法 |
| 41 | 表1 | “教育带来分配能力”？ | 请确认说法 |
| 44 | | “公共物品（环境）”“公共服务（环境）”“公共物品和环境”究竟用哪个说法？ | 请统一说法 |
| 50 | ↓8 | “xI”还是“xi”？ | 请确认 |
| 50 | ↓13 | “gi”还是“G”？ | 请确认 |
| 50 | ↑9 | “∏”与“π”是否同一变量？ | 请确认 |
| 51 | ↑8 | “行为认为是可容忍的”？ | 请确认说法 |
| 55 | ↓1 | “参照表2”“表2”在哪儿？ | 请添加图表 |
| 55 | ↓9 | “反事实研究”？ | 请添加对“反事实研究”的解释 |
| 66 | ↓3－5 | “变化”还是“变化率”？ | 请确认 |
| 66 | ↑1 | “反函数中”还是“反函数”？ | 请确认 |
| 67 | ↓3 | “模型2”？ | 请具体指明模型2是哪个模型 |
| 69 | ↓15－16 | “在城乡居民群体间收入分配差距容忍度的影响因素能够实现”语句不通，其中，“能否实现”还是“能否显现”？ | 请确认说法 |

续表

| 页数 | 行数 | 问题 | 修改意见 |
|---|---|---|---|
| 70 | ↑3 | “集中指数及其变动分解法”还是“集中指数及变动分解法”？ | 请确认 |
| 74 | ↓9 | “从下一时期的机会上”？ | 请确认说法 |
| 74 | ↓15 | “全年收入采用数据库中的实际收入水平”中“全年收入”还是“个人全年收入”？指明具体哪个数据库 | 请确认，请指明数据库 |
| 76 | 表3 | 表中变量类型说法应与前文提法相一致，“受教育程度”变量前文没提 | 请确认 |
| 79 | ↑13 | “提升”还是“降低”？ | 请确认 |
| 80 | ↓10<br>↓12 | “当个人期望收入高于实际收入，并且行为人认为收入分配差距合理时，我们可以将收入分配差距容忍度设定为0”中“0”还是“1”？“并且行为人认为当前收入分配不合理时，将收入分配差距容忍度设定为1”中“1”还是“0”？ | 与一般阅读习惯相反，请确认 |
| 80 | ↑8 | “熟悉”还是“和谐”？ | 请确认说法 |
| 81 | ↑14<br>↑11 | “相对收入水平”与“社会期望”在表4中没有体现，动态模型与静态模型是否混淆？ | 请确认 |
| 84 | ↓14 | “短期效应由于未得到充分满足”？ | 请确认说法 |
| 85 | ↓15 | “财产对收入分配差距容忍度有显著的负向作用”中“负向作用”还是“正向作用”？ | 请确认 |
| 86 | ↓4 | “对当前个人所得税认可度越高的人其收入分配差距容忍度越低”中“收入分配差距容忍度”究竟是“越低”还是“越高”？ | 请确认 |
| 88 | ↑11 | “提升”还是“减轻”？ | 请确认 |
| 88 | ↑10 | “以保证数据样本的最大值”？ | 请确认说法 |

续表

| 页数 | 行数 | 问题 | 修改意见 |
|---|---|---|---|
| 89 | ↓6 | “各个职业代表了社会总体以及每个职业所占的人口比重相同”？ | 请确认说法 |
| 90 | 图6 | 图6中6个分图的图号重排，其中第4个分图的图题残缺 | 请修改 |
| 91 | ↓14 | “并计算出洛伦兹曲线与相对收入线夹成面积之比的基尼系数”请添图说明 | 请添加图形说明 |
| 91 | ↓16 | “隧管效应论”？ | 请确认说法 |
| 91 | ↑6 | “以中心城市或以上城市为中心”还是“以中心城市或中心以上城市为中心”？ | 请确认 |
| 92 | ↓8－10 | “‘感知的收入分配差距’是由被采访者认为不同职业的人应该拿多少工资的估计值，利用从事不同职业的人所占比例与他们的财富计算基尼系数而得来的。”添公式图形 | 请添公式图形说明计算方法 |
| 93 | ↑7 | “正相关”还是“负相关”？ | 请确认 |
| 93 | ↓8 | “容忍度”与“敏感度”是反向的吗？ | 请确认 |
| 95 | ↑3 | “{·}为指示函数”？ | 请确认 |
| 100 | ↓2 | “临界点左端”还是“临界点右端”？ | 请确认 |
| 105 | ↓3 | “公粮”？ | 请确认说法 |
| 106 | ↑6 | 添加图形说明 | 请添加图形 |
| 107 | ↓1－3 | “企业内部员工”属于“企事业单位职工”吗？两个“企”是不是一回事？ | 请确认 |
| 108 | ↓5 | “表3”是哪个表？ | 请确认 |
| 109 | ↓3 | “按照以上的实验划分准则对其进行了区间的划分”是对“7个区域”进行进一步划分吗？ | 请确认 |
| 110 | ↓6 | “所需”？ | 请明确“所需”所指 |

续表

| 页数 | 行数 | 问题 | 修改意见 |
|---|---|---|---|
| 118 | ↓2 | “公共物品的非均衡”还是“公共物品的非均衡供给”？ | 请确认 |
| 123 | ↑8 | “即便是东中西部地区”？ | 请确认说法 |
| 125 | ↓1 | “这与市场的作用不相适应有关”？ | 请确认说法 |
| 125 | ↓6 | “中等收入阶层是影响政治进程中的重要力量”还是“中等收入阶层是影响政治改革进程的重要力量”？ | 请确认说法 |
| 126 | ↓3 | “进行”还是“制定”？ | 请确认 |
| 131 | ↓13－14 | “低机会成本，通过歧视性制度实现均等化，具有重要作用”？ | 语义不通，请修改 |
| 133 | ↓4 | “高水平发展”还是“高质量发展”？ | 请确认 |
| 133 | ↓9 | “交易程度”还是“教育程度”？ | 请确认 |
| 134 | ↑9 | “居民”还是“农民工”？“城市居民化”还是“城市居民化改造”？ | 请确认 |
| 136 | ↑14 | “收入也较低”还是“收入也较低，满意度较高”？ | 请确认是否添加“满意度较高” |
| 137 | ↑9 | “医疗卫生和社会管理”还是“医疗卫生、社会管理”？ | 请确认 |
| 138 | ↓5 | “五项”还是“六项”？ | 请确认 |
| 143 | ↑1 | “越过这一前提”还是“实现这一前提”？“收入分配”还是“收入分配差距”？ | 请确认 |

附 5 - 3：

# × ×出版社审读报告单

<table>
<tr><td>书稿题目</td><td colspan="5">× × × ×</td></tr>
<tr><td>丛书名称</td><td colspan="5"></td></tr>
<tr><td>著（译编）者</td><td colspan="5"></td></tr>
<tr><td>原稿页数</td><td>160 页</td><td>收稿日期</td><td></td><td>发稿日期</td><td></td></tr>
<tr><td>责任编辑</td><td colspan="2"></td><td colspan="2">初审编辑</td><td></td></tr>
<tr><td colspan="6">责任编辑审读意见<br>本书为关于我国收入分配差距的学术专著，是国家社科基金资助项目和教育部人文社会科学研究项目。<br>本书在进行大量收入分配差距经济学文献研究的基础上，通过研究收入分配差距容忍度多维公平影响因素，构建收入分配差距容忍度机理与测度模型，并进行实证研究，最后提出中国收入分配差距容忍度改善及经济增长与收入分配差距相容的政策建议。<br>本书选题具战略高度，逻辑清晰，研究扎实，政策建议极具可操作性，体现了作者深厚的学术素养和理论根底，对于政策制定者，研究人员具有很高的学术参考价值。<br>本书稿质量一般，文字编辑在初审过程中主要对全书进行了基本的编辑加工规范处理。主要有以下几个方面的问题：（1）全书错别字较多，请修改；（2）全书出现多处句子不通顺，说法不妥之处，请斟酌修改；（3）全书图表按章排序，文图、文表对应，请修改；（4）书中参考文献请按 2015 标准统一调整格式；（5）全书名词术语表述多处不统一，请确定并统一。其他问题请详见编辑加工记录表。</td></tr>
</table>

附 5－4：

# 质检通讯

202×年第×期总第×期

202×年第 N 季度图书编校质检报告

**一、202×年第 N 季度图书编校质检总体情况**

202×年第 N 季度，质量管理部共完成编校质检图书____种，其中：印前质检____种，占比为____%。质检结果如下：合格图书____种，占比为____%；不合格图书____种，占比为____%。

**二、202×年第 N 季度图书编校质检情况分析**

1. 各部门图书质检结果如下表所示。

| 部门 | 质检等级 | | 合计 |
|---|---|---|---|
| | 合格 | 不合格 | |
| 第一编辑部 | | | |
| 第二编辑部 | | | |
| 第三编辑部 | | | |
| …… | | | |
| 第 n 编辑部 | | | |
| 合计 | | | |

2. 图书编校质量与上季度相比________（提高，下降，还是保持不变，幅度如何），尤其合格图书占比相较以前历

期________（提高，下降，还是不变，幅度如何）。

**三、202×年第 N 季度典型差错分析**

（一）知识性差错

“江西省检察院第四检查部”应改为“江西省人民检察院第四检察部”；

“中国银行业协会城商行委员会”应改为“中国银行业协会城商行工作委员会”；

“宝武威远集团”应改为“宝武钢铁集团”；

“德国赫斯特塔银行”应改为“德国赫斯塔特银行”；

“美国圣路易联邦储备银行”应改为“美国圣路易斯联邦储备银行”；

“1995 年国际合作联盟通过了新的合作经济原则”应改为“1995 年国际合作社联盟通过了新的合作经济原则”；

人名“马克·范德斯普伊”应改为“马克·范德·斯普伊”，“玛利亚·特蕾莎泰勒”应改为“玛利亚·特蕾莎·泰勒”，“奥古斯”应改为“奥古斯都”；

“文德女皇”应改为“文德皇后”；

“西周时期魏国李悝”应改为“战国时期魏国李悝”，“希腊柏拉图”应改为“古希腊柏拉图”；

“称重金属”应改为“称重金属货币”；

“开元币”应改为“开元通宝”；

“民事罚金”应改为“民事罚款”；

“获文学学位”应改为“获文学学士学位”；

“《书·洪范》”应改为“《尚书·洪范》”；

“社会化是特质发展的重要基础”应改为“社会化特质是发展的重要基础”；

“Bank Lalam Malaysia（BIMB）”应改为“Bank Lalam Malaysia Berhad（BIMB）”；

“无边界/任意时间，任意时间”应改为“无边界/任意地点，任意时间”；

“中古银行”应改为“中国银行”；

“世界银行团”应改为“世界银行集团”；

“国际贸易中应收账款转让公约”应改为“联合国国际贸易中应收款转让公约”；

“不足一时按一日计算”应改为“不足一日按一日计算”；

“《中华人民共和国人民银行法》”应改为“《中华人民共和国中国人民银行法》”；

“全国互联网金融风险专项整治领导小组办公室”应改为“国家互联网金融风险专项整治工作领导小组办公室”；

“国家补偿保险委员会”应改为“国家赔偿保险委员会”；

“梅加拉亚州“应改为“梅加拉亚邦”；

“孟加拉邦”应改为“西孟加拉邦”；

“德克萨斯州”应改为“得克萨斯州”；

“在北美路易斯安那从事殖民开发”应改为“在北美路

易斯安纳从事殖民开发”；

“美国陆军工程师兵团”应改为“美国陆军工程兵团”。

（二）语言文字差错

词语误用，如“法治思维”误用为“法制思维”；“营利”误用为“盈利”；“权力”误用为“权利”；“工夫”误用为“功夫”；“参差不齐”误用为“良莠不齐”；“亟须”误用为“亟需”；“渡过危机”应改为“度过危机”，“度过难关”应改为“渡过难关”。

搭配不当，如“过渡赃款”应改为“转移赃款”；“开始……等措施”应改为“开始实行……等措施”；“未得出一致的证据”应改为“未得出一致的结论”；“实现效果”应改为“达到效果”；“配置生产关系”应改为“变革生产关系”；“不违反社区的文化问题”应改为“不违反社区的文化伦理”；“撰写相关的写作”应改为“撰写相关的内容”；“制作政策”应改为“制定政策”；“对……转变”应改为“向……转变”；“历任……等岗位”应改为“历任……等职务”；“首先，……其次，……其次，……最后，……”应改为“首先，……其次，……再次，……最后，……”；“建立一个案例”应改为“援引一个案例”。

错字，如“履改履犯”应改为“屡改屡犯”；“盅惑”应改为“蛊惑”；“以丰补欠”应改为“以丰补歉”；“得到了明显地提升”应改为“得到了明显的提升”；“逆市扩张”

应改为“逆势扩张”；“即使他们知识刚开始”应改为“即使他们只是刚开始”；“综观人类历史”应改为“纵观人类历史”；“体检劳动”应改为“体验劳动”；“沉珂”应改为“沉疴”；“登记薄”应改为“登记簿”。

多字，“为了方便证商务人员”应改为“为了方便商务人员”；“价值而和意义”应改为“价值和意义”；“它也成了一个与不可缺少的话题”应改为“它也成了一个不可缺少的话题”；“第一对层次”应改为“第一层次”。

少字，如“不如人意”“不尽如意”均应改为“不尽如人意”；“为实生活”应改为“为现实生活”；“一定会别人做得好”应改为“一定会比别人做得好”；“资金断裂”应改为“资金链断裂”。

重复，如“选择与情境最佳相关的最佳表达方式”应改为“选择与情境相关的最佳表达方式”；“大约从 2014 年到 2020 年”应改为“从 2014 年到 2020 年”；“约占总贷款比率的 15% ~ 45%”应改为“占总贷款比率的 15% ~ 45%”。

颠倒，如“县域之间不同特征”应改为“不同特征县域之间”；“性能的等诉求”应改为“性能等的诉求”。

歧义，如“用好 A、B、两项……工具等央行政策”，A、B 究竟是不是所提到的“两项……工具”？“征收教皇收入”，根据上下文，究竟是“将教皇的收入征收来”，还是“征收来的是属于教皇的收入”？

句式杂糅，如“……不仅是对……的扩展，也是对……具有一定的边际贡献”应改为“……不仅对……有所扩展，也对……具有一定的边际贡献”。

（三）其他

英文大小写错误，如“Ipad”应改为“iPad”，“with pleasure.”应改为“With pleasure.”，“it’s my pleasure.”应改为“It’s my pleasure.”。

英文人名姓、名首字母应大写。

英文专有名词上下文表述应对应统一。

英文单词拼写错误，如“toolks”应改为“tools”。

英文语法错误，如“I afraid it is difficult for us to do ”应改为“I am afraid it is difficult for us to do”。

英文书名不加书名号且用斜体表示，英文文件名用斜体表示。

标点错误，如“《商务英语阅读》的教学现状”应改为“商务英语阅读课程的教学现状”；“形成了以民营为主、国有、外资、中外合资并存的市场框架”应改为“形成了以民营为主，国有、外资、中外合资并存的市场框架”。

单位错误，如“20 户合作社”应改为“20 家合作社”，“耕地 6800 亩”应改为“4.53 平方千米”，“亩”应换算为法定计量单位“平方千米”。

缺少货币单位，如“央行降准释放长期资金约 8000 多亿”中的“8000多亿”应改为“8000多亿元”，“业务规模将以百亿计”应改为“业务规模将以百亿元计”。

“中国农历24节气”应改为“中国农历二十四节气”。

数据错误。

# 第 6 章　传统出版社数字化转型的目标、问题与对策

随着计算机与互联网技术的快速发展和普及，人类已由机械印刷纸质出版时代迈入数字出版时代，出版生产力发生了“质”的飞跃，出版生产方式发生了颠覆性变革，“出版”的概念被重新定义。目前，我国“数字出版产业规模不断壮大，出版业在文化产业中的地位更加凸显”。《2023年度中国数字阅读报告》显示，中国数字阅读用户规模达5.7亿，占网民规模的比例达52.19%，首次超过50%的分水岭。数字阅读产业总体规模达567.02亿元，增速创下六年来新高。[①]《出版业“十四五”时期发展规划》提出，“展望2035年，我国将建成出版强国”，“产业数字化水平迈上新台阶”。结合出版发展趋势与政策导向，传统出版社的数字化转型是大势所趋。但在数字化转型过程中，由于出版生产关系滞后于出版生产力的发展，传统出版社的数字化转型

---

① 2023年度中国数字阅读报告［R］. 北京：中国音像与数字出版协会，2023.

不是一帆风顺的。那么，如何使传统出版社顺利实现数字化转型目标，在出版技术日新月异的升级换代中不被淘汰，进而实现高质量发展，是每个有担当的编辑需要认真思考的问题。

## 6.1　传统出版社数字化转型是一种必然

### 6.1.1　数字出版时代思想市场上的出版社、读者与作者

“出版”的实质是思想市场上思想产品的需求者（读者）和供给者（作者）的代理人，这一点在任何时代都不会变，只是发挥代理作用的具体方式在变。在数字出版时代，读者、作者共存于一个由出版社逐渐演化而来的融合数字虚拟出版平台中。对于读者，数字出版平台利用大数据、云计算、区块链等高新技术，可以根据用户的搜索关键词、浏览痕迹、阅读品种、使用频率、阅读时长、充值消费历史、留言等消费数据，即时获得读者的阅读喜好和阅读习惯等信息，可以即时分析出读者的需求和需求被满足的程度，迅疾捕获读者的阅读需求，随时为其进行个性化思想产品推荐，甚至可以针对读者的个性化阅读需求，为其“私人订制”思想产品。对于作者，在数字出版时代，其已成为数字出版平台（出版社）组织思想产品生产的一个环节。作者服从于数字出版平台的选题策划，以数字出版平台提供的读

者需求数据为导向，利用自己掌握的知识资本，参考数字出版平台生成的已获版权同类思想产品的知识图谱进行创作。作者的创作时间精力和成本得以大大节约。作者和读者，在数字出版平台上做到即时信息沟通交流，甚至角色互换，相对于传统出版烦琐冗长的工作环节导致的信息扭曲失真，大大降低了思想市场的交易成本，降低了读者和作者的信息不对称，提高了思想市场效率，促进了思想市场均衡。

数字出版是一种先进的出版生产力，是一种更高级的出版业态，是传统出版社进行数字化转型的根本驱动。

### 6.1.2　从传统出版社到数字出版平台的演化

在数字出版时代，传统出版社将在数字计算技术发展的推动下而逐渐演化为数字出版平台。传统出版社的数字化转型不是一蹴而就的，而是一个持续适应、累积渐进的过程。

传统出版社数字化转型首先发生在图书营销环节。传统出版社最开始是将其出版的纸质图书通过实体书店售予读者。随着电子商务的兴起，传统出版社同时通过实体书店和网络书店进行纸质图书销售。网络书店凭借相对实体书店图书售价的高折扣率获取了读者，淘汰了一大批实体书店，成为图书营销的主流模式。随着技术的发展，传统出版社在持续进行纸质图书网络销售和实体书店销售的同时，开始生产电子书，通过网上书店的电子书店或专门的电子书店销售给读者。与此同时，出现了独立的数字出版商，数字出版商按照数字图书出版流程制作电子书，与传统出版社展开竞争。电子书的出版发行表明，传统出版社数字化转型从营销环节进入到生产加工环节。智能手机、电子阅读器和平板电脑的普及使用，逐渐改变了读者的阅读习惯，数字产品的阅读时长、销售规模逐渐超过了纸质图书。与此同时，选题决策、编辑加工、印刷过程、发行营销等传统出版社业务全流程实现数字化动态管理，传统出版社数字办公平台投入使用。最后，作者直接通过网络平台出版电子书，并销售给读者，数字化出版平台形成，传统出版社完成数字化转型。

可以看出，传统出版社数字化转型是按“读者→出版社→作者”的顺序逐渐进行的，是出版生产关系适应出版生产力发展的过程。其间，可能会有不畅，但最终是大势所趋，因为这是由新质生产力的要求决定的，是出版业本身的应有之义。

## 6.2　传统出版社数字化转型问题

《出版业“十四五”规划》提出，展望 2035 年，我国将建成出版强国，产业数字化水平迈上新台阶，要大力发展数字出版新业态，建设具有广泛影响力的国家级数字出版平台。数字化转型已经成为传统出版社的共识，但在轰轰烈烈的转型趋势下，转型效果却不尽如人意。在传统出版社数字化转型过程中存在诸多问题，可归结为几个方面。

### 6.2.1　关于数字化转型的企业知识有限

开展推进一项工作首先必须对工作的目标和方法有清晰的认识，这是根本性战略问题，不能有丝毫马虎。虽然整个行业都在声称转型升级，但现在情形是什么、为什么要转、转型目标是什么、转型策略是什么，传统出版社对此众说纷纭，没有达成共识。战略性问题没有解决，会直接导致实际执行操作层面的无所适从。

数字化转型的关键不在软件也不在技术，而是组织的敏捷性、适应性和变革能力，组织才是最核心的力量，具体到传统出版社数字化转型，关键取决于整个出版社这一组织的企业知识创新，核心是董事会创新能力的发挥。如果董事会成员参与度低，负责的董事会成员的话语权低，负责的领导者职位不高，则员工对数字化转型的积极性和支持度也将降低。

数字出版时代，数字化出版平台是一个高科技 IT 企业，是一个扁平化结构的学习型知识组织。在传统出版社过去依惯例形成的垂直式组织架构下，其各部门“自扫门前雪”，眼光局限在部门的狭隘利益，部门之间的沟通协调不畅，这种部门割据情况增加了企业内交易成本，不适应于整个企业的知识流动、创新与组织学习。

因此，传统出版社应该提升企业动态能力，注意发挥董事会创新能力，在企业战略层面给予明确指向；在管理层面，应进行管理机制改革，提高企业内部知识流动性，调整组织构架，打破金字塔式垂直管理模式，改为扁平化管理模式，构建适宜的企业内部竞合关系，强化部门间行动协同性，降低企业内部交易成本，以利于传统出版社成为学习型组织。

### 6.2.2 数字出版时代人力资源的挑战

无论什么类型的转型，都是由“人”来做的，人才是其中的核心决定要素。数字化转型，对于传统出版社的编辑来说，是一场自我职业“革命”，主动跳出职场舒适区，对传统编辑的能力和心态提出了挑战。

有的编辑觉得只要认真做好内容，就无所谓纸质化还是数字化。有的编辑觉得依靠已经积累的出版资源还能维持现状，没到山穷水尽，就得过且过。这些都是编辑缺乏转型意识的表现。出版是“内容为王”的行业，认真做好内容、满足读者需求是出版业的核心要求。这一点无论放在哪个时代，都是绝对真理。但是数字时代的“内容为王”，是依托大数据、云计算等先进技术实现的，是数字赋能后的“内容为王”，这和传统出版业的“内容为王”有根本区别。一些传统出版社的编辑因过去积累的工作经验和出版资源已经具有了一定的知识专用性，面对一个可能使自己经过长年训练而获得的职业技能完全失效的新生事物，可能感到茫然。有的传统出版编辑知识结构更新缓慢，短时间内难以形成适应数字出版的职业素养，所以对数字化转型还不适应，甚至有所抵触。传统出版编辑转型意识的缺乏导致传统出版社编辑行动迟滞，对于数字化转型不积极、不主动、畏缩不前。传统出版编辑转型意识的缺乏致使传统出版社转型相对滞后。如今，许多传统出版社雇用不少掌握数字技术、了解新媒体运营方式的 IT 专业人士来进行转型，但是他们短时期内对传统出版社的隐性知识不了解，所以不具备适用于传统出版社转型的特定知识，这也阻碍了转型绩效的实现。

对于传统出版社数字化转型，编辑是具体的执行者，发挥着重要的作用。如果编辑不具备相应的知识和能力，那么数字化转型的相关工作将无人可用。这是导致传统出版社数字化转型缓慢且低绩效的主要原因之一。

### 6.2.3　传统出版社数字化转型低绩效

目前，许多传统出版社仍处于数字化转型的起步阶段，转型绩效相对较低。具体表现在：有的传统出版社仅仅是将已出版纸质图书进行了简单的数字化处理，开发出的数字化产品形式单一，创新不足，质量不高，发行码洋不多，与数字出版平台的多媒体大融合数智化知识产品相距甚远。这主要是因为对数字出版进行了表面意义的简单化理解。

有的传统出版社仅停留在网络书店售卖纸质图书阶段，仍处于出版供应链数字化转型的起点。这反映了仍没有意识到“数字出版是出版业的未来”。

有的传统出版社仅将已出版图书电子化后的电子书作为产品在网络书店发售。有的传统出版社仍将数字出版产品简单视作产品，没有认识到其实成熟数字产品是一种服务，是一种获取用户流量的软件工具，这导致对数字产品价格歧视策略不清楚。这说明数字化运营模式不清晰，仍执着于“电子书是书”的传统营销认识。

有些传统出版社没有严谨设计转型路线表，对是采取“激进式数字化转型”还是“渐进式数字化转型”不明确，有的犹豫观望，有的半途而废，有的虽已完成但因为用户量少而搁置下架。这主要是由于没有对转型成本作出正确评估。

在转型的独立性方面，大部分传统出版社选择与技术厂商合作，从而在定价、信息安全上受制于人。这说明没有充分发挥自己的出版资源优势。

在部门管理上，有些传统出版社甚至没有成立独立的数字产品运营部门，只是临时抽调几个传统出版编辑上阵；有的虽然成立了独立的数字出版部门，但有时因业务量少，专职的数字出版业务人员甚至退回从事传统图书编辑业务。明显看出，这是对数字出版热点不关心、不重视，数字出版意识淡薄。

### 6.2.4　数字化转型的急躁冒进

与数字出版意识淡薄、重视不足相对，数字出版的急躁冒进是另一种极端，两者都是错误观念。由于传统出版物具有公共品性质及意识形态属性，且思想市场的思想产品供给者主要追求声誉，因此传统出版一直是微利行业，是有理想富情怀的行业。

在数字出版时代，传统出版社慢慢转型为数字出版平台，已成为互联网 IT 高科技企业，纸质图书演化为数智化融合知识产品，读者不只是在阅读书，而是在消费一种综合体验式阅读服务，而作者被整合进数字出版平台产业链中。纸质图书产品随着印量的增加，边际成本趋近于一个大于零的常数，而数字出版产品的边际成本趋近于零。叠加数字出版平台的网络效应，忠实读者群成为数字出版平台广告业务的利润来源。由此可知，数字出版日益挤压了传统出版的生存空间。

因此，一些传统出版企业开始追风涉入数字出版。部分传统出版企业不顾自己的出版资源和竞争优势，在缺少严谨调查论证与策划的情况下，盲目推出了融媒体产品，或是激进地进行数字出版平台转型。部分传统出版企业对数字化技术不甚了然，导致与技术厂商的谈判力削弱，自己没有转型成数字出版平台，反而可能被另一个垄断平台所绑定，从而对传统出版企业的转型产生了一定的影响。

### 6.2.5　版权产品价值实现问题

无论是传统出版时代，还是数字出版时代，侵权盗版一直都是出版业的痼疾。因为无论是纸质图书还是数字出版产品，它们进行原始创作的沉没成本很高，而复制的边际成本很低。纸质图书生产的边际成本，由于有印刷、纸张等物质材料的投入，趋近于一个正的常数；数字出版产品进行复制的成本极低，仅加密、编号等操作需要少量投入，趋近于零，又由于互联网开放共享的传播特征，数字出版产品更易发生盗版侵权行为。当作品被侵权，盗版者无须承担生产思想产品的巨大初始沉没成本，却能以低价吸引读者，抢夺正版思想产品的市场份额和销售利润，极大地损害了作者和出版企业的利益，阻碍了版权产品的价值实现。

传统出版企业在向数字化出版平台转型的过程中，当自己构建数字出版平台的成本大于成熟网络平台运营商时，传统出版企业往往选择先与网络平台运营商合作。网络平台运营商凭借强大的“网络效应”，取得了支配思想市场上思想产品供给者市场行为的垄断力量。由于在思想市场上作者追求的主要是声誉报酬而非货币报酬，因此当初出版这件思想产品的传统出版企业的版权价值的实现受到了网络平台运营商的更大程度的掠夺，这阻碍了传统出版企业的数字化转型。

我国著作权法设立的初衷是一方面授予作者一定时期的垄断权以激励累积性创新，促进那些真正具有创新性、有价值的版权产品的生产；另一方面扩大读者的接入。作者激励和读者接入的均衡，就是一定时期内著作权法的保护长度

（版权期限长度）、保护宽度（哪种形态的思想产品可被列入保护）、保护深度（版权的严格执行程度）的综合。然而，现实中法律制度的改善往往滞后于数字出版产业发展中新问题的出现，这不利于数字出版产品的版权保护。

网络平台运营商超额利润的来源在于其用户基数，所以有时为了扩大其用户基础保持网络效应，会默许盗版传播行为，从而导致作者及其出版社的版权价值实现被削弱。

最后，出版物的版权维权收益不一定能覆盖维权、诉讼成本，或者私人维权收益小于社会因维权人维权而获得的收益，所以个人在受到版权侵害时有可能放弃维权。

综上所述，我国数字出版产品版权价值实现问题对传统出版企业数字化转型构成负面影响。

## 6.3　传统出版企业数字化转型策略

### 6.3.1　创新内部组织架构，推动传统出版企业流程再造

“数字化转型”是一个动态概念，根据动态能力理论，组织资源是企业获得竞争优势的关键。传统出版企业进行数字化转型，企业多了一个“数字出版”的功能，其需要开发“数字出版”业务条线，这决定了传统出版企业需要进行内部组织架构调整，对原有的传统出版企业进行业务流程再造，降低企业内部交易成本，提高管理水平，助力数字化

转型。

在对传统出版企业进行流程再造时，应发挥董事会的创新能力，从企业战略层面对数字版权产品生产如何参与既有传统纸质图书生产流程，作出符合企业转型收益的决策。关于传统出版企业数字流程再造，概括起来有三种实现路径。一是新增数字出版子公司，传统出版流程与数字出版流程是分离的，并非直接对传统出版企业作数字化转型。这种转型方式比较适合大型出版集团。二是激进式地完全用数字出版流程代替传统出版流程，传统出版企业在短时期内脱胎换骨，在“破坏式创造”中完成数字化转型。这种方式比较适合小型出版社。三是传统出版企业内部专门成立数字出版部门，为图书编辑部提供数字出版服务。这是一种渐进式转型，比较适合中等规模出版社。无论是哪种路径，传统出版企业均应明确数字出版部门的定位，确定其工作目标，明确其工作职责，厘清其和其他部门之间的协调合作关系。

### 6.3.2 以人为本，建设高素质数字出版人才队伍

实现图书出版业高质量发展，人才是根本。数字出版是出版业的未来，要实现传统出版企业的数字化转型，需要建立一支适应数字化转型要求的数字出版人才队伍。“数字出版人才”，顾名思义是“数字 + 出版”人才，是政治素养过硬，既懂数字出版技术，又懂出版编辑实务，还懂数字出版发行，富有创新精神的复合型人才。

无论传统出版还是数字出版，只要是出版，政治素养均是出版人才的首要素养。考虑到数字出版平台思想产品生产传播的算法偏见与低门槛准入特性，作为数字出版时代思想市场的“守夜人”，政治素养要求较传统出版时代更加严格。

对于数字出版人才的培养，传统出版企业要对传统编辑进行数字出版业务培训，包括邀请出版社内外专家、资深从业人士开办讲座，督促编辑参加行业协会举办的数字出版技能及相关法律伦理培训，支持编辑参加数字出版行业论坛，使其了解数字出版行业动态，根植数字出版意识，熟悉数字出版流程，了解当下热门数字技术在出版生产中的应用。传统出版企业还应积极与高校、科研机构开展合作，编写培训材料，加强人才实践指导，建立人才实训基地，通过“产、学、研”整体联动，构建立体化数字出版人才培养体系，培养数字出版理论水平与实践应用能力兼备、职业道德坚守与创新创造引领兼具、时代发展要求与本出版社具体情况兼顾的数字出版人才。此外，传统出版企业要健全和完善数字出版人才引进机制及考核激励机制，挖掘培养跨行业人才，激励人才创新精神的发挥，助力传统出版企业数字化转型。

### 6.3.3　树立平台盈利观念，提高数字化转型绩效

传统出版企业数字化转型绩效高低的评价标准，根本在于其是否构建出成功盈利的数字化运营模式，这也是数字化转型是否成功的标志。针对数字化出版产品质量低、用户不

足、难盈利等问题，传统出版企业应依托优质出版资源，布局新型出版产业链，即联合内容运营商、技术运营商和电信运营商，搭建数字化出版平台，以内容为基础，获得忠实客户群，在网络效应加持下，实现数字出版平台价值，打造成功盈利模式。

传统出版企业容易陷入一个认识误区，认为只要专注做好内容，推出思想深刻、表达优美、印刷清晰、装帧精美的纸质图书就万事大吉，就可以在数字出版时代屹立不倒。甚至有的编辑认为数字出版难出精品，互联网使出版物走向肤浅、庸俗、低级化。这种理解是严重错误的。数字出版企业的思维方式是平台思维，着眼于做大做强数字出版平台，在此平台上，以内容资源为依托，获得忠实客户群，而后逐渐发展演化成数字出版生态，优质内容资源只是必不可少的获客引流基础，而获客量才是平台价值的根本所在。平台可以据此通过提供服务收费盈利，也可以据此通过提供广告收费盈利。“国王的马车很完美，可现在已进入汽车时代。”传统图书出版企业应转变传统出版运营思维方式为平台运营思维方式，丰富盈利模式，提高数字化转型绩效。

例如，在我国传统出版企业中，高等教育出版社是一家出版高等教育、职业教育、成人教育教材的出版社，其优质出版资源主要为教材，受众群体主要为教师和学生。高等教育出版社作为教育出版领域的领军企业，以教材优质内容为获客基础，借力多元化、智能化的技术手段，成功打造出涵盖各教育阶段的新形态数字教材、数字教材云平台、高教书苑、数字课程出版云平台、国家虚拟仿真实验教学课程共享平台、云创等数字出版产品，营造出一个数字化教材出版生态体系。[①]

### 6.3.4　以优质出版资源为重心，提高数字出版竞争力

优质出版资源是传统出版企业的战略优势，是其塑造出版品牌的基础，是其思想市场核心竞争力的表现。在数字化转型过程中，传统出版企业应以优质出版资源为重心，精简出版品类，借力先进数字化技术，形成忠实受众群体，超越临界获客流量，推出数智化综合知识服务门户/产品，形成数字出版品牌，增强品牌黏性，持续扩大客群，以期获得一定的思想市场垄断力，最终成功转型为活跃盈利的数字出版平台。

比如，清华大学出版社以智能制造教育的教师群体、学生及行业专业人士等忠实读者群出版资源为重心，推出了“CIMKS 智能制造知识库”（cimks. com）这一集人工智能与大数据技术于一体的高端知识服务门户（数智化知识服务产品）。产品亮点包括知识图谱自动生成、高级智能搜索、个性化推荐系统以及交互式智能问答助手等功能。服务范畴涵

① 张晓哲．教育出版融合背景下教材数字化发展现状与路径研究：以高等教育出版社为例［J］．新闻研究导刊，2024，15（15）：246－252.

盖专业电子图书阅读、“清华智制讲座”、行业技术发展趋势解析、实践教学案例汇编等，专为会员提供深度数字版权内容。同时，平台整合了涵盖专家概况、教育培训模式、学术论文、专利文献、行业标准、项目实例等在内的 18 种资源类型合计近 92 万条开放性数据资料，精准服务智能制造教育的教师群体、学生及行业专业人士，提供全方位、一体化的专业知识解决方案。[①]

### 6.3.5　强化数字版权保护，促进数字版权价值实现

在数字出版时代，传统出版企业要充分实现数字出版产品的版权价值，须协同有关部门，借助先进技术手段，强化数字产品版权保护，维护作者版权权益，从而保障数字化顺利转型。

第一，传统出版企业要与行业协会充分沟通，联合其他兄弟出版企业，积极向政府有关部门呼吁，从政策法规、保护措施、版权意识普及等方面健全数字版权实施的政策保障体系，推动数字版权领域版权法治建设。

第二，面对数字出版领域版权侵权行为发现难、取证难问题，可借助先进技术手段，在数字版权产品内设置一个“追踪器”程序，作为确认侵权人身份的依据。

① 邱显清，庄红权．融合出版背景下的大学出版社数字化平台建设：以清华大学出版社为例［J］．出版广角，2022（16）：11－15，39．

第三，鉴于区块链“去中心化”“不可伪造”“全程留痕”“可以追溯”“公开透明”的特征，可利用区块链技术设计版权保护系统，追溯数字版权产品在被衍生成周边产品再创作过程中原知识要素的贡献，从而使作者和原作出版社的版权权益得以维护。

第四，传统出版企业可设立独立的法务部门，配备数字版权法务专员，专职负责处理数字版权侵权问题。在条件允许的情况下，传统出版企业可以联合其他兄弟出版企业，成立专业的数字版权保护联盟，可采取类似俱乐部会员制方式运作。传统出版企业在数字化转型过程中，经济基础在调整，而作为上层建筑的法律相对滞后，而设立专业的版权保护部门可以降低数字版权维权成本，促进数字版权价值实现。

## 6.4　小结

综上所述，数字出版时代，数字技术的发展引发出版生产力的飞跃，读者、作者、出版社以及整个出版业态都被重新定义。传统出版企业该如何应对？进行数字化转型是必然选择。传统出版企业应发挥董事会创新能力，在战略层面明晰“转型”概念，调整组织架构推动流程再造，建立复合型数字出版人才队伍，以优质出版资源为依托，打造数字出版品牌，形成平台盈利模式，提高数字化转型绩效，实现图书出版业的高质量发展。

# 第 7 章　对外版权贸易的经济理论基础与实践

## 7.1　对外版权贸易的经济理论基础

### 7.1.1　思想产品生产的国际分工

实现文明的重要工具是市场。实现精神文明的重要工具是思想市场。国际国内思想市场的联通交换在现实世界的表现就是对外版权贸易。

分工导致合作，进而促进了市场的发展、效率的提高和财富的增加。1776 年 3 月，亚当·斯密在《国富论》中第一次提出了劳动分工。他认为：人们在经济活动中追求个人利益，正因为每个人都有利己主义，所以，每个人的利己主义又必然被其他人的利己主义所限制，这就迫使每个人必须顾及他人的正当利益，由此产生了社会利益，社会利益正是以个人利益为立足点的。产权保护是以捍卫个人利益为宗旨的。而埃米尔·涂尔干认为只有社会成员间存在一定的向心力，即团结与合作，作为成员集合体的社会才能存在。他认为，日趋复杂精密的社会分工，将各集团的人们纳入其中，使不同集团的人逐渐相互依赖，这样才能维持社会稳定，分工增进了人的团结和幸福。可以看出，无论个人主义还是集体主义价值观，分工合作都促进了经济发展和社会福利的提高。在全球市场配置资源，生产要素在全球市场流动，全球生产价值链形成，人类要构建命运共同体，只有“文明的合作”才能建成“通天塔”。

具体到思想市场，思想产品的生产要素为学者和知识资本，已生产出的思想产品是生产新思想产品的知识资本的重要组成。在国际国内两个思想市场上，由于学者人数和其掌握的知识资本不同，思想产品的生产可能性集合不同。又由于国际国内两个思想市场的需求者的需求不同，两个思想市场的生产可行性集合也不同。将国际国内两个思想市场联通交换，实现思想产品的生产要素在两个思想市场上流动，增大学者人数和知识资本的存量与增量规模，两个思想市场的产出都将实现指数级增长。这是开展对外版权贸易必要性的经济解释。

### 7.1.2 国别版权制度的法经济学分析

根据社会福利最大化原则，需要对版权激励创作对社会福利的增进与其本身垄断性对竞争的抑制进行权衡，即在合法垄断权所引发的社会成本与促进知识累进创新而获得的社会收益间权衡，如果得出正的最大化福利解，这个解就是版权保护与版权滥用的界点。普遍认为，版权是国家为了激励创作者扩大公众对知识的接入而授予创作者一定时期内的合法垄断权，思想产品数量越多，社会福利越大，这是授予版权的最终目的和价值。但更重要的是，版权制度设计的根本目的是刺激知识的累积创新，刺激不断创作出更具创新性的思想产品，促进思想市场的竞争，从而不断扩大知识的边界，进而不断增进社会总福利，这其实是一种熊彼特“创造性毁灭”的动态效率。

版权作为权利本身，具有垄断性。在既定版权保护制度下的版权行使行为究竟是合法的还是滥用限制竞争行为，主要是看这种既定版权保护制度设计是不是合理。如果版权保护制度是最优设计的，即是可以实现社会福利最大化的版权制度，那么在这种最优版权制度下的版权行使行为就是合法的，不需要反垄断法规制；如果版权保护设计不合理，保护过度，那么在这种设计不合理的版权保护制度下的版权行使行为就可能是版权滥用行为。由于版权保护过度，增强了版权的垄断程度，企业行使版权的行为更可能会限制竞争，此时就需要反垄断法规制。如果保护不够，企业为了弥补沉没成本，获得利润，会将版权作为市场竞争的策略性行为工具，此时不需要反垄断法规制，应提高版权保护程度。所以，由于版权保护制度不是最优设计，从而导致在其下的滥用版权行为，此时社会福利不是最优的，这时需要执行反垄断法，使增加社会福利至最大化。

新增长理论认为，知识积累和技术进步是经济增长的决定因素。目前，以高技术为基础的商品与服务日益在世界经济中产生越来越大的影响，一个国家能否迈过低素质成长进入高质量发展的门槛，其标志就是国民经济当中知识产权的收益占多少。以美国为代表的发达国家已逐渐转变为知识产权支撑型经济结构。我国也正在进行产业结构调整升级，处于迈向新发展阶段的节骨眼上。

从产业组织理论来看，知识产权本身是一种合法的垄断权，是对创新行为的激励，是对创新者的奖赏。但是，知识产权本身是“垄断”，如果保护过度，会阻碍普惠大众，进而损害社会福利。对知识产权的保护程度界定，是根据社会福利最大化这一根本原则，取得创新和开放普及之间的平衡。

版权是知识产权的基本表现形式，版权制度是版权长度（版权保护期限）、版权宽度（版权保护范围）、版权力度（版权法的严格实施程度）三个维度的综合。一国的版权制度在一定时期内是均衡的，是经过社会收益和社会成本权衡，符合其社会总福利最大化的制度设计。版权贸易是拥有不同版权制度的国家间的版权交流，一国的思想产品如何在另一个具有与之不同的版权制度的国家实现版权价值，需要各国出版社之间契约平等，以及在此基础前提下的互信合作和真诚沟通交流。

## 7.2　图书版权引进过程中面临的问题与对策

“文化是灵魂。”上千年的历史已证明，“中华文化成功地将异域文化与本民族文化融会贯通、加以同化，并结合本土特点进行创造性转化，使之成为中华文化的有机组成部分”（周蔚华，2018）。对外来文化兼容并蓄、海纳百川的宽广胸襟，是我们文化自信的底气。出版是中外文化交流最重要的信息载体之一，是中外文化交流的信使。

思想产品与物质产品不同，思想产品需求者在消费旧思想产品后，旧思想产品会改变决定其需求的因素，新的需求将产生，思想市场的均衡将被打破而面临调整。版权引进是在世界思想市场上为国内读者筛选思想产品，以满足国内读者的需求。通过版权引进，出版社可以优化出版社出版结构，塑造出版品牌，获得更多的经济效益。但是在版权引进过程中，出现了盲目引进、翻译质量不高、思想市场不认同等问题，有碍图书出版业开放，阻碍了图书出版高质量发展。

### 7.2.1　图书版权引进的原则

1. 政治原则

政治原则是图书版权引进的根本原则，它决定了思想产品市场的生产可行性集合，即哪些版权可能被引进。版权引进是一个对域外文化取其精华弃其糟粕的过程，政治原则是“弃其糟粕”的基本保证，是筛选思想产品的基线。

2. 依约履行原则

依约履行原则贯穿版权引进工作全流程。从引进前期的版权权利人的确定，尤其是中文翻译版权权利人的确定，到制作后期修改权的实施，再到图书上市后版税报告的提交，注重合约细节、斟酌合约每一个条款、依约履行是出版社获得合理权益的保障。否则，很可能使出版社陷入被动，蒙受不必要的损失。

## 7.2.2　我国图书版权引进面临的主要问题

### 7.2.2.1　部分图书翻译质量堪忧

决定版权引进绩效高低的关键在于翻译质量。获得外国作品的中文翻译授权后，离大功告成还远得很，后续的翻译环节才是决定版权价值顺利实现的根本。一本书无论其作者多么权威著名，其出版社多么专业，其内容多么丰富，其思考多么深刻，最后被引进国读者抱怨语言晦涩、毫无文采、费解难懂，那么瞬间会使这本书的版权引进工作价值归零。尤其在融媒营销的今天，一本广受诟病、难以卒读的引进图书，轻则滞销造成亏损，重则损害整个出版社的品牌形象，不利于以后版权贸易的开展，进而会严重影响其经济收益。

部分图书翻译质量低，究其原因，有些出版社为了尽快获利，让图书尽快进入市场，同时为了节约时间和成本，压缩制作时间，致使翻译时间仓促；抑或翻译人员工作敷衍，水平不过关，有的在翻译过程中甚至不当使用翻译软件，等等。这些原因使译文容易出现直译、漏译、错译、前后不一等问题，和原著的原意大相径庭、南辕北辙，语言美感倒在其次。

#### 7.2.2.2 盲目跟风引进现象严重

盲目跟风是版权引进过程中容易陷入的误区。盲目跟风是单个出版社在引进选题论证阶段的“搭便车”行为，貌似降低了引进风险，省去读者需求调研的成本，实则容易导致思想市场出版同质化、质量良莠不齐和低价竞争，大大增加了读者的信息搜寻成本，从而影响版权价值的实现。盲目跟风更不利于出版社引进版权的资源积累和知识创新，从而阻碍其高质量发展。

#### 7.2.2.3 版税竞价不理性

版税是图书成本的重要组成部分，是版权谈判中的重点问题。在多家出版社竞争同一本书时，往往采用竞价方式。但有的出版社在引进选题论证时，发生风险偏好，没有对印数和定价进行合理估算，不顾自身的实际情况，以不理性高价参与竞价。这种“赌博”投机行为，哄抬了出版成本，不仅使自身处于引进失败的高风险之中，还扰乱了正常的版权贸易秩序，将一些本来有优质出版资源、有实力认真出版但资金受限的出版社排挤出版权引进思想市场，造成消费者福利损失，导致思想市场无效率，同时进一步助长了海外个别权利人漫天要价的心理。版税的不理性竞价，是思想市场失灵的表现。

### 7.2.3 解决图书版权引进问题的对策

#### 7.2.3.1 严格遴选译者，确保翻译质量

翻译人员在翻译环节容易出现道德风险，编辑在遴选翻译人员时，要尽量降低与其之间的信息不对称。负责任、水平高的翻译人员会通过释放已翻译作品、获奖、学历、英语资格证书等信息证明自己。编辑除了这些信息，还应关注译者的业内口碑，参考业内专家的评价和推荐。对于学术专著，应请业内专家、学者翻译，以保证翻译的专业性和精准性。也可以选择专业的翻译公司，根据翻译公司以往承担的项目、规模等信息综合评估，为避免翻译过程中可能出现的专业名词、人名、地名不统一等问题，要事先制定一个统一的翻译标准。在确定译者前，最好先列几个符合条件的候选人，通过试译稿的质量加以选择。

编辑确定译者后，要与译者经常沟通磨合，定期提醒译者翻译进度，定期查看译稿。对于翻译粗劣、机器翻译痕迹明显的译稿，要即时撤换译者，以保证翻译质量。对于大型

图书工程，应建立交叉审稿机制，层层把关。

保证翻译质量是图书版权引进的重中之重，事关版权价值的实现和出版品牌的打造，编辑一定要重视。那种为了赶合同进度和节省翻译费而牺牲翻译质量，是目光短浅的。编辑应该目光长远，翻译质量高，后续营销才会顺利，才能慢慢建立版权引进的口碑，积累优质出版资源，形成良性循环。

#### 7.2.3.2 做好版权引进的论证与评审工作

版权值不值得引进，归根结底要看版权产品能不能满足国内读者的需求。出版社要结合自己的优质出版资源、专业出版领域、品牌形象，在战略层面明确引进版权的范围，与社里已引进版权的图书产品形成系列化版权产品集群，在思想市场上相互支撑形成合力，形成引进品牌效应，从而提升出版社的竞争力。

版权引进，最终是为了出版社的高质量发展，出版社一定要根据自己的出版实力和实际运营能力，提出合理的版税竞价。其实，高质量的图书版权并非价高者得。实际上，很多有远见的授权方更看重的是出版社的专业领域、市场地位、履约能力、信誉状况等。版权引进并非一锤子买卖，而要着眼于长期国际合作关系的建立，这需要出版社沉心打磨，克服浮躁，把重心放在对思想市场审慎、细致的研究上，做好选题论证，以获得引进绩效。

对于评审工作，兼听则明，要建立一支高水平的评审专家团队，团队中最好有代表公众、政府、专业学术团体的人员，从各自的角度评价是否能满足阅读需求，确保得到客观中肯的意见。

#### 7.2.3.3 持续关注国外有潜力青年学者作品的版权引进

具体到专业出版，一件思想产品究竟在学术上有什么价值，能够对实际经济政策有何指导，这种指导又能给社会带来多少效益，在短期内是难以确定的，这就产生了鉴别成本。为了降低这种鉴别成本，出版社倾向于引进那些国外身处高位的学者（如诺贝尔经济学奖获得者）的版权产品，以及他们的直系弟子门生的版权产品。但这也可能排斥一些具有长期学术价值和政策价值的思想产品，尤其当它们的生产者是年轻学者时。在引进版权市场上，学者的等级越高，版税越高；学者的等级越低，版税越低。思想产品具有模糊性，现在人微言轻的年轻学者将来可能成长为权威学者，如果在其版税处低位时引进，将来可能给出版社带来可观的利益。这极其考验编辑的学术理论素养与眼光魄力。

#### 7.2.3.4 重视引进图书版权保护

海外出版机构多重视版权保护工作，对盗版侵权问题尤为关注。出版企业通过加强版权保护工作，可向外释放值得信任与合作的信号，促进与海外出版人的长期合作。例如，上海译文出版社对村上春树、E. B. 怀特等作家的作品密切监控，发现盗版侵权行为坚决予以打击，还联合阅文集团、网易、喜马拉雅、掌阅等平台，于2019年签署《联合反盗版声明》，塑造了重权利、负责任的品牌形象，促进推动了与海外出版人的沟通谈判。

## 7.3　中国出版“走出去”：现状、问题与对策

文化自信，不仅在于对外来文化精华的充分吸收，更在于中华文化在国外的弘扬。党的二十大报告指出，“加快构建中国话语和中国叙事体系”，“加强国际传播能力建设，全面提升国际传播效能”，“深化文明交流互鉴，推动中华文化更好走向世界。”出版，是中外文化交流的信使，是文化自信的关键支撑。要提升中国的国际话语权和中华文化传播力，必须充分发挥中国出版的作用。

### 7.3.1　中国出版“走出去”成果显著

中国政府大力支持和推动中国出版“走出去”。习近平总书记在党的新闻舆论工作座谈会上提出“联接中外，沟通世界”。在全国宣传思想工作会议上，习近平总书记进一步提出“要推进国际传播能力建设，讲好中国故事、传播好中国声音，向世界展现真实、立体、全面的中国，提高国家文化软实力和中华文化影响力”。新时代以来，《关于进一步加强和改进中华文化走出去工作的指导意见》《关于加强

"一带一路"软力量建设的指导意见》等一系列政策文件出台；经典中国国际出版工程、丝路书香工程、中外图书互译计划、国家社科基金中华学术外译项目、图书版权输出奖励计划、外国人写作中国计划等图书翻译资助类项目组织落地实施。政策引领、项目推动在顶层设计与出版管理体制层面有力推动了版权输出高质量发展。

在政府的有力推动下，中国出版"走出去"表现突出。新时代以来，我国版权输出成果显著，版权输出数量从 2012 年的 9365 种上升至 2021 年的 12770 种，版权引进与输出比从 2012 年的 1.88∶1 发展至 2021 年的 0.96∶1（蒋丽君，2024）①，已在图书版权贸易品种上由逆差转变为顺差。文化"走出去"以资本"走出去"为基础和前提。随着"一带一路"倡议的不断推进以及对非洲、拉美投资的增长，共建"一带一路"国家和地区的版权输出呈现逐年增长趋势，促进了共建"一带一路"国家与非洲、拉美等地区对中华优秀传统文化、核心价值观、负责任大国的理解和认知。版权输出质量提高，出版企业在政府扶持下，结合自身优质出版资源，在大众出版、教育出版和专业出版等多个领域建立品牌知名度，将各年龄层次读者的需求全覆盖。随着数字化技术的迅猛发展，传播手段极大丰富。中国数字版权输出表现亮眼，尤其是网络文学、网络游戏等数字版权产品，成为文

① 蒋丽君．中国出版走出去高质量发展路径研究［J］．中国编辑，2024（1）．

化“走出去”的“靓丽名片”。中国优秀出版物在海外社会影响力不断提高，获得了广泛认同和传播。

### 7.3.2 中国出版“走出去”面临挑战

高质量发展是开放发展，参与国际资源要素配置，参与国际市场竞争。思想市场分为国内和国际两个市场，版权输出本质是国内思想产品参与国际思想市场竞争。版权价值不仅要在国内实现，更要在全球流转，在全球范围内实现。出版“走出去”实施以来，弘扬中华优秀传统文化，展示负责任的大国形象，驳斥海外对中国的错误歪曲报道，改善中国的周边环境，促进国际交流合作，虽然成效明显，但在百年未有之大变局下，地缘政治成为世界资本的主导力量，数字技术迅猛发展，人工智能时代在不远的未来遥遥招手，国内思想产品供给者与国际思想产品供给者之间的竞争将日益激烈。因此，我们不能满足于当下，要找到对外版权输出高质量发展的对策。

#### 7.3.2.1 中国国际话语权有待提升

在“中国是一个什么样的国家”这一思想市场上，“世界上话语权的分配很不平衡，80%的资讯被西方媒体垄断”(吴瑛，2010)[①]，在国际思想子市场，西方思想产品供给者是在位者，长期处于市场支配地位，国内思想产品供给者属

① https：//m.10jqka.com.cn/20100817/c63107820.shtml.

于潜在进入者。西方思想产品供给者具有成本优势，历史传承、价值观念、知识背景、语言隔阂等因素形成了进入壁垒，使国内思想产品供给者的进入沉没成本巨大。

当今时代，以市场经济规则为主体的正常市场，开始处于地缘政治因素的长期影响之下——过去作为“突发变量”的地缘政治因素，现在则成为影响市场发展的“常量”。地缘政治因素对市场的影响无所不在，表现在各个层面。具体到思想市场，随着改革开放的深入推进，中国综合国力不断提高、国际地位日益提升，引起西方的焦虑，西方思想产品供给者凭其垄断支配地位，阻止了国内思想产品供给者进入，以致国际思想市场上思想产品需求者得到的是质量低劣的产品，造成了国际思想产品需求者的福利损失。现实表现包括大多数西方人对当代中国的现状及其成就或者漠不关心、知之甚少，或者具有一种扭曲的、片面的了解。中国的国际话语权同其综合国力和国际地位发生错位，有待提升，中国出版“走出去”仍需继续努力。

#### 7.3.2.2　对外版权输出图书内容质量有待提高

对于“中国是一个什么样的国家”这一思想市场，国际思想子市场思想产品的需求者，其需求内容是“中国是一个什么样的国家，它和我的工作和生活有什么关系”，但是决定其阅读决策的是其需求满足。既定的社会经济政治状态、价值观念和知识背景，是决定读者需求满足的首要因素，但是最终决定其需求满足（最终选择阅读哪些主题是关于“中国是一个什么样的国家”的书）的是预期的阅读收益和阅读成本。阅读成本是指读者阅读图书需要付出的成本，包括直接成本和间接成本。阅读收益是读者阅读这本书后，获得了关于“中国是一个什么样的国家”的正确认识，并获得了一种愉快的阅读体验，进而作出去中国旅游或留学、从事与中国交流有关的工作的决定。阅读图书的直接成本在于阅读这本书要耗费的时间和精力。直接成本的存在意味着在相同条件下，用自己的母语表达的、符合自己文化习俗价值观的、具有亲和力的、故事性强和画面感强的、容易带入个人生活和经验的、深入浅出且通俗易懂的图书，更容易成为需求满足。间接成本在于阅读这本图书后很可能要部分或全部改变或放弃自己以前的价值观念和知识背景。预期的阅读收益和阅读成本具有不确定性。为了降低这种不确定性，西方读者对中国版权输出图书，往往根据推出这本书的当地出版社的级别和当地推荐者的身份、地位、资历及以往的成就来判断。

综上所述，西方读者需要的是本土化叙事、能使其产生认同感和共鸣的图书。这需要出版社破解文化壁垒、克服语言隔阂和海外读者需求信息获取不便的难题，并作出正确的出版“走出去”路径选择。

#### 7.3.2.3 数字出版发展滞后

数字技术的迅猛发展，改变了整个世界的出版业态。根据熊彼特动态创新经济理论，技术变迁促使传统图书出版业发生“创造性毁灭”，思想市场均衡处于不断移动中。中国数字出版产品和服务作为文化“走出去”的重要力量，规模持续扩大，已经在海外扭转了版权贸易的逆差局面（魏玉山和王璐璐，2023）。然而，由于国际地缘政治因素对思想市场的影响，数字产品与服务国际竞争日趋激烈，发达国家凭长期形成的思想产品供给的技术、内容与传播生态优势，在思想市场垄断力持续扩张，我国作为国际思想市场的潜在竞争供给者面临挑战。

#### 7.3.2.4　“走出去”传播绩效有待提升

依据现代产业组织理论，市场结构决定市场行为，决定市场绩效。在国外思想子市场上，西方思想产品供给者作为在位者具有竞争优势，已形成垄断力量，我国作为国外思想子市场的潜在进入者，面临强进入壁垒和巨大的进入沉没成本。这导致了出版“走出去”初期进入思想市场的传播绩效不高。出版“走出去”传播绩效不高具体表现为一定程度上的“三多三少”现象，即“版权输出种类多，版税收入少；赠送图书多，首印数量少；国内宣传报道多，海外渠道传播少”（蒋丽君，2024）。如何突破国外思想子市场进入壁垒，针对海外读者需求推出高质量思想产品，提高出版“走出去”的传播绩效，是中国出版业面临的重大课题。

### 7.3.3　中国出版“走出去”高质量发展策略

#### 7.3.3.1　战略层面坚定“四个自信”

面对西方思想产品供给者的话语权竞争优势，我们要打破西方思想市场进入壁垒，实现“联接中外，交流文化”出版功能，促进文明的对话，首先要在战略上坚定道路自信、理论自信、制度自信、文化自信，进一步增强政府驱动，这是中国出版“走出去”的信心和底气。在逆全球化思潮呈抬头趋势的背景下，解决全球治理问题，中国不能缺席。作为负责任的大国，“吁谟定命，远猷辰告”，要向世界分享中华优秀传统文化和中国式现代化建设的实践经验，中国出版不仅要“走出去”，更要“走进去”，满足国外读者的需求，在世界范围内实现出版功能，实现版权产品价值。

#### 7.3.3.2　以满足国外读者需求为开展工作的中心

中国出版“走出去”，始终以国外读者的需求为导向，这是一切对外版权输出工作的原则。进行选题策划和论证首先要了解国外思想市场思想产品的需求者（国外读者）。国外的读者群主要包括：一是大量海外华侨、华人、华裔（周蔚华，2003）。据统计，目前全球有4500多万华人、2万多个侨团、5000多所中文学校。这是中国出版“走出去”应当首先关注的对象，同属中华儿女，他们对中国传统文化有很强的心理认同感，对中国出版物有很大的需求。海外华人是中国传统文化在当地的代言人，他们对于我们加强与他们所在国家与地区人民的沟通和交流、传播中华文化，都具有不可取代的作用。二是研究人员、大学和研究机构的图书馆，可统一概括为专业学术团体。这是西方国家中对中国图书最感兴趣的读者群。专业学术团体在思想市场上的需求内容除取决于社会经济政治状况、价值观念和知识背景外，还取决于现有理论体系的发展状况与对现实世界的解释力。来自中国的思想产品，为西方学术团体解决课题，提供了国别理论、经验与借鉴，增加了其知识资本。三是国外政界商界人士。中美关系是影响世界格局变动的重要因素，国外政界人士制定相关政策时，中国是绕不开的重要议题，他们对中国的出版物有很大需求。对于商界人士，要来中国投资获利，就要对中国的政治经济、社会文化状况有所了解，就需要通过中国的思想产品来获取信息以作出投资决策。四是共建“一带一路”国家、亚非拉地区。随着“一带一路”倡议的实施，以及中国在亚非拉地区影响力的持续提升，其对中国的核心价值观、政治经济和社会文化状况及政策等有了解和学习的需要，对中国出版物有很大的需求。

在海外选题策划和版权推荐中，要在充分调研不同国家读者群体的文化心理和思想产品需求的基础上，采取思想产品差异化竞争方式，“采用贴近不同区域、不同国家、不同群体受众的精准传播方式，推进中国故事和中国声音的全球化表达、区域化表达、分众化表达”[①]，实行思想市场价格差别对待策略。

#### 7.3.3.3 提高对外版权输出图书的翻译质量

对外版权输出图书的质量，很大程度上在于高质量的翻译，准确、达意、文雅，将中国的政治经济、社会文化状况进行本土化叙事，使海外读者在阅读过程中感觉与自己的文化背景和表达方式很契合，从而在愉悦阅读中获得知识，完成观念的洗礼。例如，中信出版社《南货店》的印度尼西亚文版译者 Sop hie Mou 是在印度尼西亚土生土长的华人，从当地大学中文系毕业，又曾长期供职于印度尼西亚驻华使馆文化处，其译文能在高度还原作者本意的同时兼顾印度尼西亚语与中文的契合度，可读性非常强，较好地实现了中国内容的国际表达。

#### 7.3.3.4 本土化出版运营模式的探索

中国出版从“走出去”到“走进去”，经历了从原版出版物出口到版权对外输出再到本土资本化运营，具体采用哪种“走出去”模式，取决于出版企业的输出收益与输出成本的权衡。对于目前普遍采用的版权对外输出模式，出版企业应结合自身优质出版资源、出版业务板块及运营规模，进行充分市场调研，选择与自身目标相适应的国外出版企业合作。出版企业可以通过以前引进版权图书过程中已建立良好

① 习近平. 习近平谈治国理政（第四卷）[M]. 北京：外文出版社，2022：318.

信任合作关系的国外出版社，或者选择与自身各方面相契合的国外出版社，联合策划选题、合作出版中国主题图书。在具体操作上，可以双方互派编辑人员到对方出版社培训、工作交流，在市场调研、选题策划、翻译、编辑、市场运作等各环节全流程密切协作。这种模式有利于中外双方建立长期稳定的合作关系，减少版权输出交易成本，提高联合经营收益，进而持续性地向海外发出中国声音。

#### 7.3.3.5　加快数字出版“走出去”步伐

数字化技术的迅猛发展，深刻改变着版权产品在世界范围内的价值实现方式。《出版业“十四五”时期发展规划》指出，“推进出版产业数字化和数字产业化，大力提升行业数字化数据化智能化水平，系统推进出版深度融合发展，壮大出版发展新引擎”。我们要顺应出版数字化发展趋势，借助数字出版先进技术实现营销落地，提升中国出版“走出去”绩效，增强中华文明传播力影响力。

#### 7.3.3.6　设计考核激励机制以国际传播效果为主

出版物真正意义上的“走出去”不是签订版权输出合同或者图书在海外出版，而是获得海外读者的认可，实现对外版权输出“联接中外，交流文化”的出版功能，在国际范围内实现版权产品的价值。

对外版权输出工作的绩效评估，主要指标是以版权授权合同为依据的版权输出数量。这就容易导致出版企业重输出数量、轻输出效果的行为。为了促进出版“走出去”高质量发展，可考虑将出版企业已获批国家资助项目数量及资金量作为投入变量，将海外授权图书出版品种数量、版税收入、销售数量、获奖情况、海外宣传报道、读者反馈等作为产出变量，采用DEA数据包络技术分析得出出版企业对外版权输出的同行业相对工作效率，作为其申请国家项目资助的参考指标，有助于切实掌握中国出版物在海外的传播力。同样，充分关注数字出版“走出去”，将数字出版物的授权出版量作为投入变量，将下载数量、读者评价、转发量等作为产出变量，采用DEA数据包络技术分析得出出版企业数字版权输出的同行业相对绩效，以引导出版企业顺应出版生产力的发展，促进对外版权输出的高质量发展。

# 第 8 章　人工智能时代出版业展望与编辑人才发展趋势

人工智能时代开启，出版业将发生颠覆式变革，本章分别从出版业态、出版结构、出版板块、出版功能四个层面进行分析展望。在此基础上，论述了为适应人工智能时代作者、编辑身份趋同，当下编辑人才应向学者型编辑转型，学者型编辑是具有企业家精神的思想产品组织生产者，学者型编辑的养成需要出版社和编辑个人共同发力。

## 8.1　人工智能引发出版行业大变革

### 8.1.1　生存还是毁灭？人工智能新时代开启

人工智能来势汹汹。继蒸汽时代、电气时代、互联网时代后，人类即将进入人工智能时代。随着人工智能技术的不断成熟和大规模应用，大多数行业将被重新定义，产业结构将重塑，行业中企业的地位会发生改变，这甚至直接关系到企业的生死存亡，政府治理方式也将改革，个人的职业道路也将改写，整个社会运行和人们的生活方式都将发生颠覆式变革。无论人们新奇喜悦抑或迷茫焦灼，智能化大潮的冲击不可避免，不以人的意志为转移，因为归根结底是社会生产力的飞跃。市场主体的理性选择是主动认识它，深刻理解它，积极掌握它，充分应用它，最终适应它，站在人工智能时代的浪尖，成为时代的弄潮儿。

人工智能时代扑面而来，出版业首当其冲，整个行业如何应对，出版企业如何应对，尤其是编辑个人如何应对，是当下出版伦理的核心问题，是每个出版从业者必须认真思考的问题。

### 8.1.2 人工智能时代出版业的变革

采取正确有效对策的前提是正确认识和深刻理解。本节将分别从出版业态、出版结构、出版板块和出版功能四个层面对人工智能时代出版业的变革作一分析展望。

#### 8.1.2.1 人工智能时代出版业态的变革

（1）人工智能出版案例

展望人工智能时代出版实践，首先我们来看几个已发生的人工智能出版案例，可以获得些许感性认识。韩国已出版了首本完全由 ChatGPT 撰写，AI 负责翻译、校对、插图等一系列具体出版工作的实体书。据悉，ChatGPT 在完成信息搜集和数据研究后，用英文撰写了 135 页内容。之后，智能 AI 翻译应用软件 Papago 将其翻译成韩文。而且，整本书的写作和翻译仅仅花费了 9 个小时。由于大量“AI 写手”向其投稿，知名科幻杂志《克拉克世界》的编辑团队不堪重负，宣布暂停接受投稿。这家杂志仅在一个月内就收到 500 多篇由 ChatGPT 编写或润色的投稿。美国一名销售员依靠 ChatGPT 在几个小时内就写出了一本 30 页的儿童插图电子书，并通过亚马逊的 Kindle 自助出版部门出售，获得了近百美元的收入。国外的一些社交平台上涌现了大量关于“如何在几小时内用 ChatGPT 写出一本书”的教程。这些“教学指南”还具有相当的可操作性。截至 2023 年 2 月，在 Kindle 平台上，将 ChatGPT 列为作者或合著者的电子书，已经超过了 200 本。

（2）人工智能时代出版业态的重构

出版业态根本上是由出版生产力决定的，出版生产力与出版生产关系的矛盾最终决定了出版业态的演化。按照出版生产力的发展，人类社会先后出现工匠作坊出版、机械化出版、数字化出版、智能化出版四种出版业态。工匠作坊出版以手工操作为主，与农业社会生产方式相匹配。机械化出版是工业化、机械化大生产的产物，与工业社会相适应。20 世纪末，随着数字传播技术的发展，传统出版告别铅与火，迎来光和电，传统出版“作者是作者，出版者是出版者，读者是读者”界限分明的状况日益转变为作者、出版者、读者汇聚到出版平台中；传统的“作者创作—编辑加工—印刷成书—发行销售—读者阅读”的出版产业链浓缩为“创作—编辑（即时发布）—阅读”；传统的“作者→出版者→读者”单向传播转变成作者、出版者、读者的互动；等等。目前，数据的要素特征结合网络的工具性、技术性以及新技术的智能性（人工智能），使数字化开始往智能化方向演化。在智能出版阶段，作者、出版者、读者边界日益模糊，乃至最终消失。如作者利用人工智能提示词生成一篇文章，然后利用专业编校软件进行编辑加工，然后发布，读者根据需求提问，人工智能生成回答，无限循环，作者、出版者、读者都利用人工智能，身份开始模糊，作者、出版者、读者可以同时为同一人，数字化出版发展为智能化出版，出版业态得到颠覆性重构。出版业态的演化过程为：农业社会工匠作坊的“点”演化为工业社会出版产业链单向的“线”，继而发展为信息社会数字出版平台的“网”，现在正在向智能社会的人工智能出版“多维空间”转变。工业革命发生后，出版业态不再是唯一的，而是以一种出版业态为主导，多元出版业态并存，而且高级出版业态重新定义低级出版业态。当代中国数字化出版业态逐步占据主导地位，并重新定义了工匠作坊出版和机械化印刷出版业态。

麦克卢汉认为，“媒介是人的延伸”，“一切媒介都会重塑他们所触及的生活形态，重新塑造新的尺度、形成新的比率”。人工智能作为“智能时代的媒介”，相比互联网是人的中枢神经系统的延伸，可以说是人的大脑的延伸。它产生新的思想产品生产方式（利用 ChatGPT 进行创作、编辑、发行等）、生活方式（吃穿住行等一切移动互联），重构人们的生活状态（创作成为生活方式，人们过着诗意的生活），调整出版生产关系（出版企业组织结构逐步扁平化、矩阵式、灵活应变，出版企业成为一个不断进行知识更新的学习型组织，出版企业成为综合知识服务的提供者）。新的出版生产力不断创新突破，倒逼出版生产关系进行变革，使新出版形态成为不可逆转的洪流。移动出版、人工智能出版、知识服务等新出版现象是智能时代初期出版生产力与出版生产关系的矛盾的表现。当前四种出版生产方式并存亦根源于此。

#### 8.1.2.2　人工智能时代出版结构的变革

（1）人工智能时代出版属性的变革

借鉴周蔚华（2020）对当代中国出版业之出版结构的论述，出版属性即出版社所有制性质，当今出版属性变革就是出版社的企业化改制，出版业的产业化发展。出版属性决定出版结构。长期以来，我国出版业作为党和国家宣传工作的重要组成部分，属于公共事业，出版物是公共品，出版单位是事业单位，不是企业。改革开放后，随着我国社会主义市场经济体制改革的深入推进，出版物逐步商品化，出版业从单纯的事业属性变成了产业属性与事业属性并重，产业化进程不断加快，同时出版社开启企业化改制，出版集团也开启了股份制改造，出版业开始建立现代企业制度，出版社逐渐成为市场竞争主体。

人工智能时代，出版产业生产力发生变革，出版企业经过数字化、智能化升级改造，经过激烈市场竞争优胜劣汰，根据产业演化规律，最后一国将形成只有几家寡头垄断出版集团支配出版业的出版产业格局。随着人工智能技术的不断渗入，创作和工作一样，已成为和水、电、食物一样的人的基本需求，人将通过人工智能进行个性化创作，人将成为真正意义上自我实现的人。最终，整个出版产业将演变为一个自然垄断的出版平台，出版业在人工智能的作用下将逐渐演变为自然垄断公用事业。

（2）人工智能时代出版产品结构的变革

随着网络科技、移动互联、信息技术的发展，人们对出版产品的消费方式更加趋于数字化，对纸质书、报刊的阅读消费下降明显。数字出版发展迅猛，目前数字出版物已超过了传统出版物的销售总收入（周蔚华，2020）。人工智能时代，人们的阅读方式将发生革命性变革，人们就阅读主题通过利用人工智能问答提示词搜索答案，人工智能给出答案的表现方式是综合的、智能的，人们阅读的内容将是创作的内容，阅读过程和创作过程将合二为一、同步进行。数字出版最终将过渡为智能出版。手工图书将是智能印刷的个性艺术品，机器印刷的纸质书将是按需智能印刷的利于阅读的物品。智能出版物将是利用人工智能工具创作、按需智能印制、智能阅读的出版物。

（3）人工智能时代图书市场结构的变革

目前，得益于计算机网络技术的发展和发达的物流体系，中国图书市场结构不断优化，现状可概括如下：网上书店（包括电子书销售和实体图书网络下单、配送）因其低价格和配送便捷性，占据我国图书零售市场主体地位，而实体书店接连闭店，并被迫进行功能转型。大众出版市场因其强市场竞争性，民营出版商占据了大半壁江山。由于中国知识产权保护意识的增强和保护制度的完善，版权对外贸易得到了极大扩展，版权逆差有所好转。在人工智能时代，图书思想产品的生产、编辑、印刷、发行都将在同一个人工智能大平台进行，而且这四个环节将合并为“一点”，四个环节同时完成，将不会有专门的网络书店，实体书店将演化为图书博物馆，已出版的实体图书将演化为“古董”或艺术文创产品。在所有制结构方面，人工智能出版大平台将是唯一自然垄断出版平台，成为国家文化基础设施。国外图书市场将与国内图书市场通过人工智能出版平台互联互通。

#### 8.1.2.3　人工智能时代出版板块的变革

普遍认为，传统出版分为大众出版、教育出版和学术出版三大板块。鉴于出版实际，本书将主题出版增列为独立出版板块。人工智能时代，主题出版将在尖端出版技术加持下得到强化，出版规模将更大，表达呈现水平及对人的吸引力和影响力将更大，甚而从出版板块进一步升华为出版公共基础设施的一部分。人工智能时代，出版是寓教于乐、深入浅出、通俗易懂、融合展示、品位高雅的出版，人们将在探索的愉悦中轻松了解掌握所需要的知识和信息，教育出版、专业和学术出版、大众出版将界限模糊，相互融合。

#### 8.1.2.4 人工智能时代出版功能的变革

出版功能与出版板块相对应，可分为微观、中观、宏观三个层面。微观层面，出版传播知识、传递信息、娱乐人的身心，是人力资本形成和累积的主要途径；中观层面，出版是科技和教育发展的基本助力，受教育程度高、掌握现代先进科学技术的高素质人才将促进企业创新，并推动产业新质生产力发展；宏观层面，出版是塑造人们信仰和价值观的主要手段，是社会和谐、稳定、高质量发展的重要工具。人工智能时代，创作与出版将合二为一，当代三个层面的出版功能将在人工智能时代得以继续发挥，学习、创作和出版将成为人的生活方式，成为人的生活必需，出版功能最终将凝结为一点——助力人实现自我价值。

## 8.2 人工智能时代编辑人才转型目标——学者型编辑

上文论述了人工智能时代出版业将发生的变革，总之，人工智能时代来临，整个社会的生产力和生产关系将颠覆重塑，出版业更是首当其冲。那么，编辑的出路何在？答案在于适应出版生产力的发展，尽快将自我转型升级为适应时代浪潮的学者型编辑。

### 8.2.1　学者型编辑是人工智能时代编辑职业的发展方向

人力资本历来是出版行业最重要的投入要素，人工智能时代对人力素质要求会更高。出版行业是一个“内容为王”的行业，无论社会发展到哪个时代，这一点永远不会变。生产出有价值的内容，行业才能保持发展活力，编辑才能实现自我价值。人工智能时代对编辑这个内容生产的组织者提出了更高要求，出版生产力发展要求编辑向“学者型编辑”升级转型。

那什么样的编辑称得上是“学者型编辑”呢？出版界对此争论许久，但大部分观点基于传统出版业态，认为“学者型编辑”的落脚点是“编辑”，编辑不是学者，编辑和学者身份不是同一的。笔者认为，在人工智能时代，学者和编辑是身份同一的，身份没有严格的界限，学者就是编辑，编辑就是学者。因为学者和编辑都是版权产品的生产者和经营者，版权产品根据交易成本最小化原则视具体情况组织生产。人工智能时代，编辑对作者和读者之间的连接作用，即编辑在传统思想市场对思想产品的筛选和保护功能，也就是生成思想产品的代理交易费用，随着人工智能技术的发展，将逐步降低，最终降为零，此时，所有思想产品都将进入公有版权领域，最终实现“知识共产主义”。有观点认为，“学者型编辑”特指学术编辑（杜生全，2019），是有期刊学术文章审稿权或专职从事学术专著出版的编辑，其他编辑不属于“学者型编辑”。笔者认为，“学者型编辑”的范畴应该从狭义的学术编辑扩大至所有编辑类型，因为人工智能时代，大众出版、教育出版、学术出版三大出版板块将界限模糊，最终成为一块，而内容创作、加工制作、发行将同步进行，流程将统一在内容生产组织之下，人工智能平台提示词的应用是组织内容生产的关键，这就需要编辑具有学术品位、学有专长，需要眼光敏锐把握社会知识产品需求，并需要高超的表达能力。也有观点认为，“学者型编辑”的发展指向是精通编辑业务，进而上升为编辑学家（杜生权，2019）。笔者认为，在传统出版时代，创作和出版是两个不同的领域，出版编辑学是依托编辑发展起来的一个新兴交叉学科，是对编辑技术的理性认识，编辑学家是“学者型编辑”的一个重要子集，是编辑根据自己的兴趣和专长在编辑实践中不断思考总结而养成的。比较普遍的观点是，“学者型编辑”指既精通编辑业务又学有所长的编辑（周慧琳，2017）。但有观点认为，“学者型编辑”除了编辑业务能力强，通晓某一学科领域的专业知识，还应具备高度个性化的实践性知识（张恰，2019），这种容易忽略的隐性知识，可以理解为编辑的人格魅力、人际交往能力和沟通能力，它决定了编辑和专家学者的沟通顺畅程度，是决定编辑成长为学者型编辑的关键所在。

综上所述，笔者认为，在人工智能时代，出版行业“内容为王”属性仍保持不变，“学者型编辑”是经受过严格的学术科研训练，有较高的理论素养和学术品位，同时适应智能时代，具有创作能力和敏锐眼光，拥有超高表达能力的内容生产组织者，是未来编辑职业的发展方向。

下文将具体分析当下编辑为提前适应人工智能时代出版业的变革，向学者型编辑升级转型的策略。那么，首先要明确学者型编辑需要具备的素养和条件。

### 8.2.2　学者型编辑需要具备的素养

一般而言，编辑能称得上学者型编辑，需要具备三种素养：较高的学科理论素养、较强的思想产品生产组织能力，以及对职业身份的自我认同感。换句话说，学者型编辑是集学者、企业家两种身份于一体的思想企业家型学者，这贯穿于作品价值实现的全过程。

#### 8.2.2.1　学者型编辑首先是学者

顾名思义，首先要求编辑本人是一位学者，要具有相当程度的理论素养。首先要明确，人工智能淘汰的不是“编辑”这个职业，淘汰的是只会进行重复劳动而没有创造性的人。只要从事的是创造性的工作，人工智能就是有助于自我价值实现的得力助手。要做学者型编辑，为人工智能时代到来做好准备，就要按“学者”的职业标准来要求自己，持续跟进自己的专业学科或研究领域的动态，了解理论前沿，熟悉政府、大众、专业团体对自己专业领域的知识信息产品需求，对已有研究成果能够独出机杼地予以评述。在当代，对相关书稿进行编辑加工，其实是一种再创作活动，编辑可通过此过程不断提高自己的学术水平。而在人工智能时代，编辑将和作者合二为一，编辑本身就是作者，本身就是在从事创作活动。从这个意义上来说，在某一学科、研究领域接受过专业科研训练的人，可以极大降低创作成本，从而大大降低图书的生产成本，大大提高图书的专业品质。一定程度的专业学术积累是学者型编辑必须具备的。唯有如此，编辑才能缩小与作者的距离，才能组织创作出满足政府、公众以及专业人士和团体知识信息需求的出版产品，否则很容易在海量信息中迷失，把握不了知识需求和研究动向，从而漏掉优秀作者和作品，或者在修改稿件过程中犯专业错误，贻笑大方。所以，要做适应人工智能时代的学者型编辑，就要尽快完善自身专业知识图谱，充分发挥自己的快速学习能力，提高自己的职业素养，争取不断组织指导生产出优质出版产品，这同时也是在为人工智能出版大模型的成熟提供有价值的内容训练养料。

#### 8.2.2.2 学者型编辑应富有企业家精神

学者型编辑的实质是思想企业家，要富有企业家精神，即创新精神，将自身当作思想产品的组织创作者。

首先，编辑要能够在海量信息中敏锐地捕捉到社会对思想产品的需求，“慧眼识英雄”，挖掘出优质作者和作品。这就要求编辑对作者研究领域、学术成就、基本观点有比较详细的了解，对作者性格、社交能力的高低有比较准确的把握，对作品的创作背景、创新之处和应用价值有一个大方向的预判。

其次，学者型编辑最好能够全流程跟进作品创作，时时协助作者保持一个良好的创作状态。最好在作品创作前期就提前介入，根据作者的创作计划，帮助作者收集相关文献并构建合理的写作框架，然后全程跟进作品创作，即时对作品的逻辑路线、语言表述等方面提出意见和建议，保证作品的创作效率和质量，这就需要编辑具有相当程度的学术水平。而在作品完成后，合格的学者型编辑要充分发挥自己高超的表达能力和鉴赏能力，要认真修改，保证作品顺利出版。这个作品组织生产过程，其实是学者型编辑学习实践创作的过程，有利于其掌握创作方法和规律。人工智能时代，学者型编辑和作者就是同一身份，编辑要能够充分利用人工智能创作出有价值的作品。

最后，学者型编辑要把握网络效应，充分利用网络传播技术，对作品进行传播推广。书名的构思斟酌、图书封面的设计、社会名人的推荐和封面宣传语的撰写等，处处体现编辑的专业能力，有利于人工智能时代对作品的识别抓取。

#### 8.2.2.3　学者型编辑身份自我认定

最重要的是，学者型编辑对自我身份认定，这是人工智能时代出版伦理的核心问题。作品是作者思想的果实，是作者心血的凝结，体现的是作者的生命意义和价值。人工智能时代，编辑与作者合二为一，要求编辑以作者的视角看待作品，始终对作品充满信心，助力实现作品的价值。在创作过程中，学者型编辑与作者一体，两种身份互相补位，把作品做到极致，同时调动尽可能多的资源，让作品得到最大程度的外部支持。

### 8.2.3　当前学者型编辑的升级转型策略

为提前适应人工智能时代出版业变革，学者型编辑的要求较高，其养成不是一朝一夕的事，需要出版社和编辑个人共同持续发力。出版社主要从养成的制度建设和环境营造方面发力，编辑个人则要积极发挥主观能动性（史岩，2021）。

#### 8.2.3.1　出版社将学者型编辑作为人才选拔标准

当今，对一个专业的出版人而言，编辑和学术研究两手抓，两手都要硬，编辑和科研两种能力相辅相成、互相促进，编辑和学者两种身份可共存，也可在一定条件下相互转换。在国外，很多知名学者都兼具编辑的身份。例如，新制度经济学一代宗师、诺贝尔经济学奖获得者奥利弗·威廉姆森，是《贝尔杂志》的编辑，他使《贝尔杂志》成为交易费用经济学的宣传阵地，促进了新制度经济学学术共同体的壮大。我国近代有很多学者都是著名编辑，如鲁迅、邹韬奋、叶圣陶等。郝振省在“中国现代出版家论著丛书”总序中提到，“一位职业编辑做到极致就会成为一位学者或名家，进而成为大思想家、大文化家，编辑最有条件成为思想家、文化家”。在人工智能时代，学者和编辑身份是互换的、同一的，学者从事编辑工作，更有利于创作、宣传自己的学术思想，以及与同道的思想交流。

不仅仅是学术著作，有价值的图书产品都需要具有一定的知识性、原创性和专业性。随着人类进入人工智能时代，人们只需在人工智能平台利用提示词，即可获得需要了解的内容，出版板块已结为一块，但是人工智能大模型的训练材料仍是人类已积累的出版物，如何对人工智能生成物进行价值判断，对内容的生产提出了更高的要求。

根据《出版人职业生存现状调查样本报告（2017—2018年度）》，出版行业博硕士学历占比达 50%，其中博士学历占比仅为 3%，这就要求出版社重视“学者型编辑”建设，将其作为出版社人力资源管理的重要工作，将学者型编辑作为人才选拔标准。建议大力引进一批高学历的专业人才，在薪酬待遇方面有所倾斜，完善出版社人才队伍建设。

#### 8.2.3.2　出版社要将学者型编辑作为人才队伍建设目标

加强学者型编辑人才队伍建设，在很大程度上需要出版社提供一个好的制度环境。出版社可以定期举办读书会，选择各个领域的经典学术著作，组织编辑交流读书心得，以扩大编辑视野，如中国金融出版社定期举办的青年读书会活动就很值得推广（史岩，2021）。出版社可以为编辑提供参加学术会议的便利，鼓励编辑提交会议论文参会，与学者探讨专业问题，不一定带约稿、组稿任务，但回来后要写出会议综述，并在例会上报告，鼓励编辑从各个视角对专业学科、研究领域进行系统梳理。出版社也可以鼓励编辑多发表专业学术论文，将论文作为工作考核内容，并给予一定的稿费奖励。在一定条件下，出版社可以成立专门的研发业务部门，根据自己的出版专业领域，申报与之相关的课题，进行专业和出版方向的科学研究。出版社也可以借助合作科研机构力量，并结合学者型编辑的个人意愿，推荐其借调至合作机构，让学者型编辑更深入地参与到图书内容制作中（史岩，2021）。

在职称评审方面，建议评审机构将编辑的专业学术成果，如学术专著和论文作为主要评审依据，可参照研究机构专职研究人员的标准进行评审。

#### 8.2.3.3 编辑自身要下意识地以学者型编辑为职业目标

第一，作为编辑，学者型编辑要深入研究人工智能时代的出版规律，勤奋修炼新时代“编辑术”，不断学习新技术，利用人工智能新技术提高自己的编辑实践经验，于中学、学中干，最终形成自己的编辑风格，在编辑学领域可以独出机杼，以作者的视角看问题，做出富有思想性的高质量图书，同时实现图书利润，扩大出版社的社会效益和经济效益，这是编辑的“硬功”。

第二，作为学者，学者型编辑要永远保持对知识的敬畏和兴趣，不断更新自身知识结构，不断了解专业图书的理论前沿，提高自己的学术水平和科研能力，只有这样，才能顺畅向作者转化，才能挖掘出合适的选题，才能挖掘出高质量出版物，做出经得起时间检验的出版物，这是编辑的“软功”。

总之，编辑要下意识以学者型编辑为职业目标，尽快掌握人工智能出版技术并提高应用水平，从而不断提高自己的学术水平和创作能力，“编创”结合，作为文化产业从业者在这个技术迅速变革的时代大显身手，做好进入智能社会的准备，满怀信心地迎接人工智能时代的到来。

## 8.3　小结

人工智能时代开启，技术发展将极大提高出版生产力发展，整个出版行业将随之发生颠覆式变革。其中，作者、编辑、读者三者身份将合而为一，统一纳入人工智能出版大平台，此为人工智能时代出版伦理问题的核心。为提前做好适应新时代的准备，编辑人才应向精通某一学科领域且具创新精神的思想企业家——学者型编辑发展转型，这需要出版企业与编辑个人以此为目标，勠力同心、奋楫笃行。

# 第9章　结　语

当今世界正处于大变革中，ChatGPT 的推出宣告了第四次工业革命——智能技术革命的发生与人工智能时代的来临，地缘政治成为影响世界资本和市场的重要因素，逆全球化思潮抬头。我国经济已由高速增长阶段转向高质量发展阶段。如今，高质量发展已成为我国重大发展战略，全国各地、各行各业已轰轰烈烈行动起来。在这种形势下，出版业如何实现高质量发展，面对人工智能对各行各业的颠覆和重塑，编辑人又该如何应对，值得认真思考。本书以此立意，采用经济学方法进行分析，试图得到出版业实现高质量发展的策略。

讨论出版业如何实现高质量发展，首先应弄清楚出版业这个行业的本质特征，这是讨论问题的前提和理论基础。从供给的角度来看，出版业的实质是以“内容为王”、以版权产品生产经营为主的产业，是组织版权产品生产、传播、价值实现的产业。进一步，版权是对思想创新的保护和激励制度，是出版生产关系的基础制度。版权授予作者一定时期内对作品的垄断权以覆盖创作成本，激励作者发表作品，以促使知识最大限度接入公众，从而提高社会总福利。随着技术发展和版权产业化运营，目前版权保护和激励的对象转变为累积性创新。思想市场的竞争是垂直型竞争，更具有思想原创性和新颖表达的新版权产品将使旧版权产品丧失价值，争得思想市场的垄断利润。在此，创作者变成了熊彼特式的富有动物精神的思想企业家，这促使了高质量思想产品的生产。但这只是理想状况，现实是版权的授予促使一些版权持有者制造了高的思想市场进入壁垒，获得了思想市场支配地位和超额垄断利润，这损害了思想市场的竞争，降低了思想产品的生产可能性集合，阻碍了创新，从而不利于出版业高质量发展。网络技术的发展，使思想产品具有了网络效应，无限放大了思想市场的竞争残酷性。创新是出版业的生存根本，出版业是以创新为发展动力的产业。高质量发展是以创新为根本动力的发展，本质内涵是创新，所以说，高质量发展本身即出版业的内涵，是出版业发展的应有之义。但是创新也是版权垄断性的来源，原本设立初衷是激励和保护创新的版权在某种情形下成为阻碍创新、获得并维持垄断力的工具，这就不利于出版业高质量发展。因此，版权制度的多维实施势在必行，思想市场的垄断则需要政府予以合理规制。

高质量发展是能够满足人民对美好生活需要的发展。出版行业发展的根本目标是给人民提供高质量精神文化产品，提高人口素质，丰富人民精神生活，出版业发展的实质是高质量发展。出版业如何实现高质量发展，对应经济高质量发展路径，主要包括提高出版企业董事会创新能力、强化出版企业质量管理、加快传统出版企业数字化转型、促进对外版权贸易、建设适应人工智能时代的高素质编辑队伍等方面。

高质量发展能否实现，归根结底看质量。出版业要实现高质量发展，唯一重心在于供给高质量精品图书产品。如果说出版企业（出版单位、编辑人）是知识产品的生产者（在数字化出版时代，作者已经与作为知识产品领导组织者的编辑在图书供给上纵向一体化）和版权资产的“储存器”，那么是出版企业董事会（或编委会）在指导这个生产者如何进行知识生产的，编委会成员的个人知识资本与编委会作为一个整体的组织知识构成了整个出版企业开展出版活动的基石。在现代公司制出版企业中，董事会是思想企业家精神的集体表现，由董事会知识资本所决定的董事会创新能力是出版企业高质量发展的内在动因，是打造出版企业品牌和核心竞争力的引擎。因此，出版企业应重视知识资本对董事会创新能力的推动作用，加大对董事会成员意会性知识显性化投资的力度，加强董事会组织学习与知识管理，降低董事会成员间知识沟通的成本，提高董事会的决策效率，从而促进出版社高质量发展。

在操作执行层面，出版单位要强化质量管理制度建设，实施全面质量管理制度，即出版社所出的每种图书，从选题策划、三审三校、质量检验，到版式设计、印刷、市场运营的出版全流程、编印发各环节，制定出一套相对固定的生产流程、工作标准、图书质量检验标准等，同时实行图书质量责任制，使每个环节都有责任人，保证工作质量，提高图书质量。出版社图书出版实践全面质量管理的推行，要求出版社每个员工将“质量第一”的意识深植于脑海中，运用一整套科学的质量管理方法，通过“全员”“全流程”的图书质量管理来保证图书产品质量合格。当出版社的每一项业务工作都有人负责、有检查、有评价、有总结，才可能做到质量保障无死角，从而实现出版全流程的优化。出版企业可设立独立的专职质量管理部门，建立和完善图书出版业务质量管理档案制度，可以 ISO 9000 为工具对出版社全面质量管理进行规范，采用 DEA 数据包络分析法与以之为基础的 Malmquist 指数法对出版企业董事会创新能力与各编辑部门运营效率进行评估。特别地，对图书出版流程，在“三审三校”流程走完后，另增加“质检”环节，随机抽查一定字数，根据计算出的图书差错率，对稿件进行评级，并设立激励惩罚机制，定期（可按季度）总结质检图书差错案例，通报编辑部门。

出版业高质量发展的关键在于出版人才具有高度质量意识并充分发挥其能动性。进一步，编辑应具有质量意识下四种思维方式——工匠精神、工程师思维、互联网思维、创新思维，并对书评这一编辑重要的质量实践活动加以重视。

数字出版是一种先进的出版生产力，是一种更高级的出版业态，它是传统出版社进行数字化转型的根本驱动。传统出版社数字化转型是按“读者→出版社→作者”的顺序逐渐进行的，无论是传统出版企业自己搭建还是数字化转型前期选择加入已有数字平台，最终传统出版社将转型为双边数字出版平台，这是出版生产关系适应出版生产力发展的过程。其间，可能会有不畅，但是最终是大势所趋，没有成功完成转型的传统出版企业将遭淘汰，因为这是由新质生产力的要求决定的，是出版行业本身的应有之义。针对数字化转型过程中出现的企业知识有限、人力资源匮乏、数字化转型绩效低、数字化转型急躁冒进、数字版权保护不足等问题，传统出版企业应发挥董事会创新能力，在战略层面明晰“转型”概念，创新内部组织架构，推动传统出版企业流程再造，以人为本，建设高素质数字出版人才队伍，树立平台盈利观念，提高数字化转型绩效，以优质出版资源为重心，提高数字出版竞争力，强化数字版权保护，促进数字版权价值实现。

随着高新技术发展，版权产品新形态迭出，如电子书、有声读物、知识付费产品、移动阅读 APP 等；还有很多新的衍生版权产品形态，如改编影视作品、二次元玩偶、剧本杀、相关文创产品等。出版单位应具有“大版权”经营意识，以出版企业优势出版资源为重心，多种版权产品形态协调出版，实现出版范围经济。

高质量发展是开放发展，参与国际资源要素配置，参与国际市场竞争。版权价值不仅要在国内实现，更要在全球流转。版权是知识产权的基本表现形式，版权制度是版权长度（版权保护期限）、版权宽度（版权保护范围）、版权力度（版权法的严格实施程度）三个维度的综合。一国的版权制度在一定时期内是均衡的，是经过社会收益和社会成本权衡、符合其社会总福利最大化的制度设计。版权贸易是拥有不同版权制度的国家间的版权交流，一国的思想产品如何在另一个具有与之不同的版权制度的国家实现版权价值，需要各国出版社之间契约平等，以及在此前提下的互信合作，真诚沟通交流。对于国外图书版权引进，应在遵循政治原则、依约履行原则的基础上，严格遴选译者，确保翻译质量，做好版权引进的论证与评审工作，尤其需要持续关注有版权投资价值的国外富有潜力青年学者的版权引进。对于中国出版“走出去”过程中出现的中国国际话语权不高、对外版权输出图书内容质量不高、数字版权输出发展滞后等问题，出版企业应在战略层面坚定“四个自信”，以满足国外读者需求为开展工作的重心，提高对外版权输出图书的翻译质量，进行本土化出版运营模式的探索，加快数字出版“走出去”步伐，以国际传播效果为主设计考核激励机制。

在出版业高质量发展路径实施的过程中，高素质编辑人才培养是重中之重。人工智能时代开启，技术发展将极大提高出版生产力发展，整个出版行业将随之发生颠覆式变革。其中，作者、编辑、读者三者身份将合而为一，统一纳入人工智能出版大平台这一经过寡头数字出版平台激烈竞争与演化而最终形成的自然垄断数字基础设施中，此为人工智能时代出版伦理问题的核心。为提前做好适应新时代的准备，编辑人才应向精通某一学科领域且具创新精神的思想企业家——学者型编辑发展转型，这需要出版企业与编辑个人以此为目标，勠力同心、奋楫笃行。

# 参考文献

［1］新华社．习近平：决胜全面建成小康社会　夺取新时代中国特色社会主义伟大胜利——在中国共产党第十九次全国代表大会上的报告［EB/OL］．（2017－10－27）［2024－11－20］．https：//www. gov. cn/zhuanti/2017－10/27/content_5234876. htm.

［2］新华社．中央经济工作会议在北京举行［EB/OL］．（2017－12－20）［2024－11－20］．https：//www. gov. cn/xinwen/2017－12/20/content_5248899. htm.

［3］新华社．习近平：高举中国特色社会主义伟大旗帜 为全面建设社会主义现代化国家而团结奋斗——在中国共产党第二十次全国代表大会上的报告［EB/OL］．（2022－10－25）［2024－11－20］．https：//www. gov. cn/xinwen/2022－10/25/content_5721685. htm.

［4］新华社．习近平在中共中央政治局第十一次集体学习时强调：加快发展新质生产力 扎实推进高质量发展［EB/OL］．（2024－02－01）［2024－11－20］．https：//www. gov. cn/yaowen/liebiao/202402/content_6929446. htm.

［5］赵家璧．编辑忆旧［M］．西安：西北大学出版社，2019.

［6］王俊秀．ChatGPT 与人工智能时代：突破、风险与治理

[J]. 东北师大学报（哲学社会科学版），2023（4）.

[7] 马歇尔·麦克卢汉. 理解媒介——论人的延伸 [M]. 何道宽，译，北京：商务印书馆，2000.

[8] 周蔚华. 重新理解当代中国出版业 [J]. 出版发行研究，2020（1）.

[9] 周蔚华，张艳彬. 出版业如何实现高质量发展——基于《质量强国建设纲要》的视角 [J]. 中国编辑，2023（7）.

[10] 周蔚华. 出版产业研究 [M]. 北京：中国人民大学出版社，2005.

[11] 陈昕. 出版经济学研究 [M]. 上海：格致出版社，上海人民出版社，2017.

[12] 吴赟. 出版经济学：学理分析与现实观照 [M]. 上海：上海交通大学出版社，2022.

[13] 渠竞帆. 中国出版"走出去"十年成长记 [N]. 中国出版传媒商报，2022-10-11（051）.

[14] 蒋丽君. 中国出版走出去高质量发展路径研究 [J]. 中国编辑，2024（1）.

[15] 方卿，张新新. 出版业高质量发展目标之创新发展——以新质生产力推动出版业高质量发展 [J]. 编辑之友，2024（2）.

[16] 迈克尔·巴斯卡尔. 内容之王：出版业的颠覆与重生 [M]. 赵丹，梁嘉馨，译. 北京：机械工业出版社，2017.

[17] 胡程立. 图书质量控制研究 [D]. 武汉：武汉大学，2005.

[18] 张小峰. 对工匠文化、工程师文化、创客文化三种工业文

化的考察［J］. 河南科技学院学报，2021（12）.

［19］陈占宏. 应用质量管理理论提升图书质量的基本策略探析［J］. 传播与版权，2021（8）.

［20］侯富英. 基于 PDCA 循环的图书质量管理［J］. 现代出版，2013（4）.

［21］姚丽亚. 出版高质量发展研究现状及趋势［J］. 现代交际，2021（24）.

［22］温哲仙. 当前外国文学图书出版的编校质量探析［J］. 出版广角，2016，276（18）.

［23］韩凤伟. 学术书评研究［J］. 图书馆界，2020（4）.

［24］王辉. 当前出版同质化的主要表现和根源分析［J］. 传播与版权，2018（3）.

［25］周蔚华. 朱兰质量管理理论及其对出版质量管理的启示［J］. 出版发行研究，2019（2）.

［26］田方斌. 出版业高质量发展的几个基本问题［J］. 出版科学，2023（6）.

［27］李兴旺. 动态能力理论的操作化研究：识别、架构与形成机制［M］. 北京：经济科学出版社，2006.

［28］邱海平，杨扬. 基于创新的公司治理理论［J］. 教学与研究，2006（5）.

［29］王毅. 企业核心能力与技术创新战略［M］. 北京：中国金融出版社，2004.

［30］汪良军. 企业成长与企业家活动分析［M］. 北京：经济科学出版社，2006.

［31］吴光飙．企业发展的演化理论［M］．上海：上海财经出版社，2004.

［32］周清杰．企业“黑箱”解析：动态企业理论研究［M］．北京：中国财政经济出版社，2005.

［33］理查德·R. 纳尔逊，悉尼·G. 温特．经济变迁的演化理论［M］．胡世凯，译．北京：商务印书馆，1997.

［34］伊迪丝·彭罗斯．企业成长理论［M］．赵晓，译．上海：上海人民出版社，2007.

［35］约瑟夫·熊彼特．经济发展理论［M］．何畏，易家详等，译．北京：商务印书馆，1990.

［36］威廉·拉让尼克，玛丽·奥苏利文．公司治理与产业发展［M］．黄一义，等，译．北京：人民邮电出版社，2005.

［37］彼得·德鲁克．创新与企业家精神［M］．蔡文燕，译．北京：机械工业出版社，2007.

［38］汪丁丁．知识沿时间和空间的互补性以及相关的经济学［J］．经济研究，1997（6）.

［39］周蔚华，钟悠天．中国出版走出去要有六个转向［J］．中国出版，2014（7）.

［40］周蔚华，杨石华．中国出版对外交流与国际合作 40 年［J］．中国出版，2018（20）.

［41］崔波，肖谦．政府与市场的交织整合：中国版权贸易三十年鸟瞰［J］．吉林师范大学学报（人文社会科学版），2023（1）.

［42］陈海娟．找准方向　整合资源　建立机制——对科技出版“走出去”策略措施的思考［J］．科技与出版，2017（11）.

[43] 张宏．全球视野下的中国出版走出去：话语权和传播力构建［D］．上海：上海外国语大学博士学位论文，2014.

[44] 李永强．从中国人民大学出版社“走出去”实践谈出版增强中华文明传播力影响力［J］．现代出版，2023（1）.

[45] 周蔚华．出版：文化自信的拱心石——一个出版史的视角［J］．出版发行研究，2018（1）.

[46] 刘深．版权引进“七忌”［J］．出版参考，2013（23）.

[47] 陈韬，李甫．版权贸易双向模式选择［J］．中国外资，2023（9）.

[48] 张晔．社科类图书版权引进的问题与对策［J］．出版参考，2011（23）.

[49] 汪雪君．图书版权引进存在的问题及解决对策［J］．中国管理信息化，2020（10）.

[50] 邱宁远，孙云鹏．图书版权引进过程中常见问题及解决策略——以高等教育出版社为例［J］．传播与版权，2024（2）.

[51] 魏玉山，王璐璐．勇立潮头敢为先，数字出版助力中国文化“出海”［J］．中国数字出版，2023，1（1）.

[52] 何明星，李佳．世界出版西方化、资本化现象的反思与秩序重建［J］．中国出版，2022（21）.

[53] 何抒扬，何明星．如何提高世界出版能力——德国出版的实践与经验［J］．出版广角，2022（8）.

[54] 丛立先．强国知识产权建设中的全球版权治理［J］．暨南学报（哲学社会科学版），2023（2）.

[55] 智晓婷，何怡婷．出版产业对外贸易政策演进与绩效评估

[J]. 出版科学，2022 (1).

[56] 史岩. 知识与董事会控制权分享 [J]. 生产力研究，2011 (6).

[57] 史岩. 论编辑人才发展趋势——学者型编辑 [N]. 山西经济日报，2021-04-09 (4).

[58] 杜生权. “学者型编辑”：内涵变迁、发展指向及其实现路径 [J]. 福建江夏学院学报，2019：9 (5).

[59] 周慧琳. 倡导工匠精神 做学者型编辑 [J]. 中国编辑，2017 (2).

[60] 张恰. 论学者型编辑专业成长的路径与策略 [J]. 中国编辑，2019 (5).

[61] 赵玉山，程晶晶. 出版人职业生存现状调查样本报告 (2017—2018 年度) [J]. 科技与出版，2018 (10).

[62] 陈丹丹，周蔚华. 2023 年中国出版融合发展报告 [J]. 数字出版研究，2024，3 (1)：68-77.

[63] 宋吉述，杨阳. 2023—2024 年出版业融合发展现状及趋势研判 [J]. 科技与出版，2024 (6).

[64] 周蔚华，程丽. 2023—2024 年中国图书出版业发展报告 [J]. 出版发行研究，2024 (7).

[65] 汤雪梅，杨春兰. 2023—2024 中国出版业发展报告 [J]. 出版发行研究，2024 (7).

[66] 焦丽珍. 数字出版平台的版权困境及纾解路径研究 [J]. 数字出版研究，2024，3 (3)：40-48.

[67] 张窈，张慧敏. 深度融合发展背景下面向行业实践的出版

人才培养［J/OL］. 出版与印刷 . 2024（4）：93－102［2024－11－19］. https：//doi. org/10. 19619/j. issn. 1007－1938. 2024. 00. 049.

［68］杨兰珊 . 社会科学文献出版社数字化转型现状、问题及对策［J］. 北京印刷学院学报，2016（2）.

［69］杜玲 . 浅谈传统出版企业的数字化转型［J］. 记者摇篮，2024（7）.

［70］甘莅豪 . 论数字时代学术书籍出版的范式变革［J/OL］. 海南师范大学学报（社会科学版）. https：//doi. org/10. 16061/j. cnki. cn46－1076/c. 20240812. 001.

［71］杨旦修 . 论数字出版产业平台的数据合规与算法信任［J］. 编辑之友，2024（8）.

［72］张晓哲 . 教育出版融合背景下教材数字化发展现状与路径研究：以高等教育出版社为例［J］. 新闻研究导刊，2024，15（15）：246－252.

［73］中国新闻出版研究院全国国民阅读调查课题组 . 第二十一次全国国民阅读调查主要发现［J］. 出版发行研究，2024（4）.

［74］刘志彬 . 约瑟夫·熊彼特创新理论下的出版行业创新［J］. 出版参考，2014（3）.

［75］吴汉东 . 人工智能生成作品的著作权法之问［J］. 中外法学，2020（3）.

［76］万莉立 . 新时期传统出版社数字化转型方向与突破浅谈［J］. 科技传播，2021（9）.

［77］郭禾等 . 人工智能生成内容（AIGC）著作权保护笔谈录［J］. 数字法治，2024（1）.

［78］郭壬癸．人工智能技术的发展对出版流程链的影响研究［J］．编辑之友，2018（10）．

［79］孙庆生．让出版事业与人工智能共舞［J］．中国出版，2017（17）．

［80］肖志良．基于网络经济学的出版社数字产品营运分析［J］．出版科学，2018，26（3）：74－77．

［81］王强．传统出版企业数字化转型的若干思考［J］．传播与版权，2023（8）．

［82］汪启明，郑源，崔颖．版权发展论：版权产业化进程中的国家意志［J］．科技与出版，2014（4）．

［83］章朝阳．出版强国　向新而行：凤凰集团塑造数字化发展新优势［J］．中国数字出版，2024（5）．

［84］奥兹·谢伊．网络产业经济学［M］．张磊，译．上海：上海财经大学出版社，2002．

［85］彼得·纽曼．新帕尔格雷夫法经济学大辞典［M］．许明月，译．北京：法律出版社，2003．

［86］陈昌柏．知识产权经济学［M］．北京：北京大学出版社，2003．

［87］丹尼斯·W．卡尔顿，杰弗里·M．佩罗夫．现代产业组织［M］．胡汉辉，顾成彦，沈华，译．北京：中国人民大学出版社，2009．

［88］冯晓青．知识产权、竞争与反垄断之关系探析［J］．法学，2003（3）．

［89］冯晓青．知识产权法利益平衡理论［M］．北京：中国政

法大学出版社，2006.

［90］富田彻男．市场竞争中的知识产权［M］．廖正衡，等，译．北京：商务印书馆，2000.

［91］丁春晖，钮继新．网络信息产品市场的定价模式［J］．中国工业经济，2003（5）.

［92］宫泽光一．博弈论［M］．上海：上海科学技术出版社，1963.

［93］贾根良．加快转变经济发展方式必须正视外资的十大危害［J］．管理学刊，2011（6）.

［94］卡尔·夏皮罗，哈尔·瓦里安．信息规则：网络经济的策略指导［M］．张帆，译．北京：中国人民大学出版社，2001.

［95］李建伟．创新与平衡：知识产权滥用的反垄断法规制［M］．北京：中国经济出版社，2008.

［96］李怀，高良谋．新经济的冲击与竞争性垄断市场结构的出现——观察微软案例的一个理论框架［J］．经济研究，2001（10）.

［97］李太勇．网络效应与进入壁垒：以微软反垄断诉讼案为例［J］．财经研究，2000（8）.

［98］李轩．知识产权滥用的界定及反垄断规制［J］．商业时代，2006（6）.

［99］理查德·施马兰西，罗伯特·D. 威利格．产业组织经济学手册［M］．李文博，等，译．北京：经济科学出版社，2009.

［100］威廉·M. 兰德斯，理查德·A. 波斯纳．知识产权法的经济结构［M］．金梅军，译．北京：北京大学出版社，2005.

［101］理查德·A. 波斯纳．法律的经济分析［M］．蒋兆康，

译. 北京：中国大百科全书出版社，1997.

[102] 理查德 · A. 波斯纳. 反托拉斯法 [M]. 孙秋宁，译. 北京：中国政法大学出版社，2003.

[103] 林锋. 版权的社会福利问题与掠夺性定价——兼轮微软在中国软件市场的行为分析 [D]. 杭州：浙江大学，2002.

[104] 罗纳德 · V. 贝蒂格. 版权文化——知识产权的政治经济学 [M]. 沈国麟，韩绍伟，译. 北京：清华大学出版社，2009.

[105] 罗伯特 · 考特，托马斯 · 尤伦. 法和经济学 [M]. 张军，等，译. 上海：上海三联书店，1994.

[106] 刘春田. 知识产权法 [M]. 北京：中国人民大学出版社，2003.

[107] 曼纽尔 · 卡斯特. 网络社会的崛起 [M]. 夏铸久，王志弘，等，译. 北京：社会科学文献出版社，2001.

[108] 聂辉华. 声誉、契约与组织 [M]. 北京：中国人民大学出版社，2009.

[109] 欧内斯特 · 盖尔霍恩，威廉姆 · 科瓦契奇，斯蒂芬 · 卡尔金斯. 反垄断法与经济学 [M]. 任勇，邓志松，尹建军，译. 北京：法律出版社，2009.

[110] 彭玉勇. 著作权保护的现代发展趋势与反垄断措施 [J]. 学术研究，2007 (2).

[111] 全国人大常委会法制工作委员会. 中华人民共和国反垄断法释义 [M]. 北京：法律出版社，2007.

[112] 泰勒尔. 产业组织理论 [M]. 马捷，译. 北京：中国人民大学出版社，1997.

[113] 时建中. 掠夺性定价的经济学分析和竞争法对策 [J]. 经济法论丛（第4卷），北京：法律出版社，2004.

[114] 史普博. 管制与市场 [M]. 余晖，等，译. 上海：上海三联书店，1999.

[115] 斯蒂芬·马丁. 高级产业经济学 [M]. 史东辉等，译. 上海：上海财经大学出版社，2003.

[116] 王先林. 中国反垄断法实施热点问题研究 [M]. 北京：法律出版社，2011.

[117] 王先林. 知识产权与反垄断法：知识产权滥用的反垄断问题研究 [M]. 北京：法律出版社，2008.

[118] 王先林，潘志成. 反垄断执法与知识产权保护之间的平衡 [J]. 学术论坛，2007 (6).

[119] 王先林. 在华跨国公司知识产权滥用的反垄断法分析 [J]. 知识产权，2005 (6).

[120] 王晓晔. 欧共体竞争法 [M]. 北京：中国法制出版社，2001.

[121] 王素玉. 版权法的经济分析 [D]. 长春：吉林大学，2009.

[122] 王健. WTO 规则与政府职能转变 [M]. 北京：经济科学出版社，2002.

[123] 汪淼军，厉斌. 网络外部性、竞争和产品差异化 [J]. 经济学（季刊），2003 (2).

[124] 吴汉东等. 知识产权基本问题研究 [M]. 北京：中国人民大学出版社，2005.

［125］吴汉洪．产业组织理论（研究生用）［M］．北京：中国人民大学出版社，2008.

［126］吴汉洪．产业组织理论（本科生用）［M］．北京：中国人民大学出版社，2007.

［127］吴伟光．数字技术环境下的版权法［M］．北京：知识产权出版社，2008.

［128］威廉·G. 谢泼德，乔安娜·M. 谢泼德．产业组织经济学（第五版）［M］．张志奇，等，译．北京：中国人民大学出版社，2007.

［129］威廉·格·谢佩德．市场势力与经济福利导论［M］．易家祥，译．北京：商务印书馆，1980.

［130］小贾尔斯·伯吉斯．管制和反垄断经济学［M］．上海：上海财经大学出版社，2003.

［131］杨春学．个人利益、社会经济繁荣与制度的形成：客观确定的善［J］．管理世界，2002（7）.

［132］杨瑞龙，朱春燕．网络经济学的发展与展望［J］．经济学动态，2004（9）.

［133］杨志．信息网络与当代经济［J］．当代经济研究，2001（7）.

［134］于同申．“创造性毁灭”和网络经济条件下的自主科技创新［J］．中国工业经济，2006（5）.

［135］袁克．中国知识产权保护的经济分析［J］．南开经济研究，2003（2）.

［136］亚当·杰夫，乔希·勒纳．创新及其不满：专利体系对

创新与进步的危害及对策［D］．北京：中国人民大学，2007.

［137］张嫚．论数字产业对传统反垄断理论与实践的启示［J］．经济评论，2002（4）.

［138］张昱．美国与欧盟知识产权反垄断政策比较研究［D］．大连：东北财经大学，2010.

［139］张维迎．博弈论与信息经济学［M］．上海：上海人民出版社，2001.

［140］张小强．网络经济的反垄断法规制［D］．重庆：重庆大学，2006.

［141］张伟君．规制知识产权滥用法律制度研究［M］．北京：知识产权出版社，2008.

［142］郑成思．版权法［M］．北京：中国人民大学出版社，2003.

［143］周翼．挑战知识产权［M］．上海：格致出版社，上海人民出版社，2009.

［144］张旭昆．思想市场：用经济学方法研究经济学的演化［J］．社会科学，1993（7）.

［145］朱慧．激励与接入：版权制度的经济学研究［M］．杭州：浙江大学出版社，2009.

［146］郑志强，马永健，欧家瑜．逆全球化的驱动因素、发展趋势及中国应对［J］．国际金融，2024（12）.

［147］钱乘旦．全球化、反全球化和“区块化”［J］．当代中国与世界，2021（1）.

［148］张蕴岭．疫情加速第四波全球化［J］．文化纵横，2020

(3).

[149] 邱显清，庄红权. 融合出版背景下的大学出版社数字化平台建设：以清华大学出版社为例 [J]. 出版广角，2022 (16)：11-15，39.

[150] 徐庆仑，于桂兰，王弘珏. 知识的四个维度与企业控制权分享及制度变迁的关系 [J]. 郑州航空工业管理学院学报，2006 (4).

[151] 周蔚华. 论中国出版物走向世界的可能性及途径 [J]. 出版发行研究，2003 (1).

[152] 黄卫平，陈能军，钟表. 版权贸易对经济增长的影响——基于1998—2010年中国省际面板数据的实证研究 [J]. 河北经贸大学学报，2014，35 (3).

[153] 曾鹏，赵聪. 知识产权对经济增长的影响——以专利和版权为例 [J]. 统计与信息论坛，2016，31 (4).

[154] 李致娴. 美国版权产业对经济增长的影响研究 [D]. 广东：深圳大学，2020.

[155] 刘京华. 版权产业发展的国际比较及中国策略选择 [D]. 福建：福建师范大学，2021.

[156] 张苏秋. 版权资源的经济增长效应及其作用路径——基于版权经济解释的定量分析 [J]. 广东财经大学学报，2016，31 (1).

[157] 董雪兵，朱慧. 知识产权保护与文化创意产业发展：模式选择及实证研究 [R]. 2010年度（第八届）中国法经济学论坛论文集，2010.

[158] 郭壬癸，乔永忠．版权保护强度影响文化产业发展绩效实证研究［J］．科学学研究，2019，37（7）．

[159] 李晓冬，刘丽娟．基于分布知识的所有权安排内生性研究综述［J］．经济纵横，2006（5）．

[160] 周清杰．企业组织的经济学分析［M］．北京：知识产权出版社，2009.

[161] 360 文库．商业银行全面质量管理［Z/OL］．（2019－04－23）［2025－04－29］．https：//wenku. so. com/d/de65f82ddd3dd9a0e076415d432031c9.

[162] 高培勇，袁富华，胡怀国，刘霞辉．高质量发展的动力、机制与治理［J］．经济研究，2020，55（4）．

[163] 国家发展改革委经济研究所课题组．推动经济高质量发展研究［J］．宏观经济研究，2019（2）．

[164] 赵剑波，史丹，邓洲．高质量发展的内涵研究［J］．经济与管理研究，2019，40（11）．

[165] 张治河，郭星，易兰．经济高质量发展的创新驱动机制［J］．西安交通大学学报（社会科学版），2019，39（6）．

[166] 范军，邹开元，田静瑶．新质生产力推动出版业高质量发展的理论逻辑、价值意蕴、时间要求［J］．科技与出版，2024（3）．

[167] 刘永红．中国学术著作出版高质量发展：逻辑与进路［J］．现代出版，2020（6）．

[168] 银路．质量经济学概［J］．电子质量，1995（4）．

[169] 罗嗣泽．出版经济学引论［J］．出版与发行，1985（2）．

[170] 方卿. 论高质量发展的目标向度——基于新发展理念视角的分析 [J]. 编辑之友, 2024 (1).

[171] 方卿, 王一鸣. 出版业高质量发展目标之协调发展 [J]. 编辑之友, 2024 (3).

[172] 方卿, 丁靖佳. 出版业高质量发展目标之绿色发展——出版业绿色发展指标体系构建 [J]. 编辑之友, 2024 (4).

[173] 方卿, 刘叶萍. 出版业高质量发展目标之开放发展——以制度型开放推动出版业高质量发展 [J]. 编辑之友, 2024 (5).

[174] 方卿, 何珊. 出版业高质量发展目标之绿色发展——以出版公共服务为基础推动出版业共享发展 [J]. 编辑之友, 2024 (10).

[175] ARROW K J. Economic Welfare and the Allocation of Resources to Invention. IN Nation Bureau of Economics Research, the Rate and Direction of Inventive Activity: Economic and Social Factors [J]. Princeton university , 1962.

[176] AOKI R, HU J L. Licensing vs. Litigation: the Effect of the Legal System on Incentives to Innovation [J]. Journal of Industrial Economics, 1999, 34: 130 - 160.

[177] ARTHUR W B. Competing Technologies, Increasing Returns and Lock - in by Historical Events [J]. Economic Journal, 1989, 99: 116 - 131.

[178] ALYSSA A. LUTZ , LAUREN J. STIROH. The Relevant Market in IP and Antitrust Litigation. Litigator, Edited by the Law Firm of Grimes &Battersby, 2003 (5/7).

[179] BAUMOL W J, PANZAR J C, WILLIG R D. Contestable Markets and the Theory of Industry Structure [M]. San Diego, CA: Harcourt Brace Jovanovich, 1982.

[180] BENTAL B, SPIEGEL M. Network Competition, Product Quality and Market Convergence in the Presence of Network Externalities [J]. Journal of Industrial Economics, 1995, 43 (2): 197-208.

[181] BESEN S. New Technologies and Intellectual Property: An Economic Analysis. The RAND Corp. IST-8415297-NSF at 4. 1987.

[182] BESEN R L. An Introduction to the Law and Economics of Intellectual Property [J]. Journal of Economic Perspectives, 1991, 5: 3-27.

[183] BESEN S, KIRBY S, SALOP S. An Economic Analysis of Copyright Collectives [J]. Virginia Law Review, 1992, 78: 383-441.

[184] BUXMAN P. Network Effects on Standard Software Markets: A Simulation Model to Examine Pricing Strategies [Z]. Proceedings of the SIIT-Conference, 2002.

[185] BRUCE H. , Kobayashi Michelle Burtis. Intellectual Property & Antitrust Limitation on Contract. 2000-06 Published in Dynamic Competiton and Public Policy: Technology , Innovation and Antitrust Issues, J. Ellig, ed. , Cambridge University Press, 2001: 229-263.

[186] BECK R L. Patents, Property Rights, and Social Welfare: Search for a Restricted Optimum [J]. Southern Economic Journal, 1976, 43.

[187] BECK R L. Competition for Patent Monopolies [J]. Re-

search in Law and Economics, 1981 (3).

[188] CARLTON D W, GERTNER R H. Intellectual Property, Antitrust and Strategic Behaviour [D]. NBER Working Paper, n. 8976, 2002.

[189] CARLTON D W , WALDMAN M. The Strategic Use of Tying to Preserve and Create Market Power in Evolving Industries [J]. Rand Journal of Economics, 2002.

[190] Commission Notice. Guidelines on the Application of Article 81 of the EC Treaty to Categories of Technology Transfer Agreement [J]. Official Journal of the European Union, L 123/11 2007 (4).

[191] CHURCH J, GANDAL N. Complementary Network Externalities and Technological Adoption [J]. International Journal of Industrial Organization, 1993 (11): 239 -260.

[192] RITTER C. The New Technology Transfer Block Exemption under EC Competition Law [J]. Legal Issues of Economic Integration. 2004 (31): 161 -184.

[193] GORE D. From Black and White to Enlightenment? An Economic View of the Reform of EC Competition Rules on Technology Transfer. Europe University Institute. Robert Schuman Centre for Advanced Studies, 2005 EU Competition Law and Policy Workshop/Proceedings.

[194] DASGUPTA P, STIGLITZ J. Uncertainty, Industrial Structure and the Speed of R&D [J]. Bell Journal of Economics 1: 1 -28.

[195] EVANS D S, SCHMALENSEE R. Some Economic Aspects of Antitrust Analysis in Dynamically Competitive Industries [D]. Working

Paper 8268, National Bureau of Economic Research 1050 Massachusetts Avenue, Cambridge, 2001 (5).

[196] DASGUPTA P, PARTHA, MASKIN E. The Existence of Equilibrium in Discontinuous Economic Games, Ⅱ: Applications [J]. Review of Economic Studies, 1986, 53 .

[197] DASGUPTA P, STIGLITZ J E. Industrial Structure and the Nature of Innovative Activity [J]. Economic Journal, 1980, 90: 266 - 293.

[198] HAROLD D. The Private Production of Public Goods [J]. Journal of Law and Economics, 1970, 13.

[199] VANY D E. Uncertainty in the Movie Industry: Does Star Power Reduce the Terror of the Box Office? [J]. Journal of Cultural Economics. 23: 285 - 318.

[200] EDLIN A S. Stopping Above - Cost Predatory Pricing [J]. Yale Law Journal, vol. 111, 2002: 941 - 991.

[201] MORGAN E J. The Treatment of Oligolopy under the European Merger Control Regulation [J]. The Antitrust Bulletin, 1996: 224.

[202] ELHAUGE E. Why Above - Cost Price Cuts To Drive Out Entrants Are Not Predatory and the Implications for Defining Costs and Market Power [J]. Yale Law Journal, vol. 112, 2003: 681 - 827.

[203] AREZZO E. Intellectual Property Rights at the Crossroad Between Monopolization and Abuse of Dominant Position: American and European approaches compared. 2006.

[204] FOX E. What is Harm to Competition? Exclusionary Prac-

tices and Anticompetitive Effect. 70 ANTITRUST L. J, 2002: 378.

[205] EVANS D S, SHMALENSEE R. Some Economic Aspects of Antitrust Analyis in Dynamically Competitive Industries [D]. NBER Working Paper, n. 8268, 2001.

[206] NEIL G. Competing Compatibility Standards and Network Externalities in the PC Software Market [J]. The Review of Economics and Statistics, 1995, 77: 599 -608.

[207] GILBERT R J. Symposium on Compatibility: Incentives and Market Structure [J]. Journal of Industrial Economics, Vol. 40. 1992 (1): 1.

[208] YI S S. Uncertain Innovation and the Persistence of Monopoly [J]. American Economic Review, 1984, 74.

[209] GAYER A, SHY O Z. Internet, Peer - to - peer, and Intellectual Property in Markets for Digital Products. http: //www. wiwi. hu - berlin. de/wt1/lectures/mikroseminar/0203/freeware19. pdf.

[210] GORDON W J. Asymmetric Market Failure and Prisoner's Dilemma in Intellectual Property [J]. University of Dayton Law Review, 1992, 17.

[211] HADFIELD G K. The Economics of Copyright: An Historical Perspective [Z]. Copyright Law Symposium, 1992, 38: 1 -46.

[212] HURT R, SCHUMMAN R. The Economic Rationale of Copyright [J]. American Economic Review, 1966 (5): 421 -432.

[213] HAY G A. Innovations in Antitrust Enforcement [J]. Antitrust Law Journal, Vol 64. 1995: 7.

[214] LERNER J, TIROLE J. The Simple Economics of Open Source [D]. NBER Working Paper, 2002 (7).

[215] DXEXL J. Research Handbook on Intellectual Property and Competiton Law [M]. Edward Elgar Publishing, 2008.

[216] CORBET J. Copyright and Competition Law: Difficult Neighbours [Z]. Intellectual Property and Information Law, The hague, The Netherlands, 1998.

[217] SANDERS K. Unfair Competition Law: the Protection of Intellectual and Industrial Creativity [M]. Oxford: Clarendon Press, 1997.

[218] KATZ M, SHAPIRO C. Network Externalities, Competition, and Compatibility [J]. American Economic Review, 1985, 75: 424 - 440.

[219] KATZ M, SHAPIRO C. System Competition and Network Effects [J]. Journal of Economic Perspectives, 1994 (8): 93 - 115.

[220] KATZ M, SHAPIRO C. Product Compatibility Choice in a Market with Technological Progress. Oxford Economic Papers, 1986, 38.

[221] BENJAMN K, LERNER A V, MURPHY K M. The Economics of Copyright "Fair Use" in a Networked World [J]. American Economic Review, American Economic Association, 2002, 92 (2): 205 - 208.

[222] KJOLBYE l, PEEPERKORNL l. The New Technology Transfer Block Exemption Regulation and Guidelines. EUI - RSCAS/EU Competition 2005/Proceedings.

[223] LEE T, WILDE L. Market Structure and Innovation: A Reformulation [J]. Quarterly Journal of Economics 94: 429 –436.

[224] LIEBOWITZ S J. , MARGOLIS, STEPHEN E. Network Externality: An Uncommon Tragedy [J]. Journal of Economic Perspectives, 1995 (8): 133 –150.

[225] LEMLEY M A. The Economics of Improvement in Intellectual Property Law [J]. Texas Law Review, 1997, 75: 989 –1084.

[226] MARK – OLIVER M. The Political Economy of Intellectual Property Rights and Competition Policy – Report on MaxPlanck Conference on Intellectual Property and Competition Law. IIC. 2005. 36 (1).

[227] MUSSEN A, ROSEN S. Monopoly and Product Quality [J]. Journal of Economic Theory , 1978 (18): 301 –317.

[228] MONROE M S. Antitrust Symposium: Vertical Restraints [J]. University of Toledo Law Review, 1996 (27): 433.

[229] NEIL W N. Copyright and ‘Market Power’ in the Marketplace of Ideas [Z/OL]. http: //papers. ssrn. com/sol3/papers. cfm? abstract _ id =721281.

[230] ECONOMIDES N. The Economics of Networks [J]. International Journal of Industrial Organization, 1996, 14 (6): 673 –699.

[231] O'HARE M. Copyright : When is Monopoly Efficient? [J]. Journal of Policy Analysis and Management, 1985 (4): 407 –418.

[232] PEEPERKORN L. IP Licences and Competition Rules: Striking the Right Balance. 26 WORLD COMPETITION 527 (2003): 532.

[233] POSNER R A. Antitrust in the New Economy [D]. John

M. Olin Law&Economics Working Paper. U. of Chicago, 2000: 106.

[234] WATT R. Copyright and Economic Theory [M]. Edward Elgar Publishing, 2000.

[235] WATT R. The Past and the Future of the Economics of Copyright [M]. Review of Economic Research on Copyright Issues, 2004, 1 (1): 51 - 171.

[236] TOWSE R. Creativity, Incentive, and Reward: An Economic Analysis of Copyright and Culture in the Information Age [M]. Edward Elgar Publishing, 2001.

[237] TOWSE R, WATT R. Recent Trends in the Economics of Copyright [M]. Edward Elgar Publishing, 2008.

[238] SCOTCHMER S. Incentives to Innovate. In Newman P (ed.). The New Palgrave Dictionary of Economics and the Law [M]. London: Macmillan, 1998.

[239] SHAPIRO C. Competiton Policy in the Information Age. Foundations of Competition Policy [J]. London: Routledge, 2000.

[240] TOWSE R, HANDKE C, STEPAN P. The Economics of Copyright Law: A Stocktake of the Literature [J]. Review of Economic Research on Copyright Issues, 2008, 5 (1).

[241] GORDEN W J. An Inquiry into the Merits of Copyright: The Challenge of Consistency, Consent, and Encouragement Theory [J]. 41 Stanford Law Review 1343, 1989.

[242] GORDEN W J, WATT R. The Economics of Copyright: Developments in Research and Analysis [Z]. Edward Elgar Cheitham, UK

Northampton, MA, USA, 2003.

[243] WHINSTON, M D. Tying, Foreclosure, and Exclusion [J]. American Economic Review, 1990.

[244] LANDES W M, Posner R A. An Economic Analysis of Copyright Law. 18 J. LEG. STUD 265, 1989.

[245] WILLIAMSON O E. Predatory Pricing: A Strategic and Welfare Analysis [J]. Yale Law Journal, 87: 284 -340.

[246] YOON K. The Optimal Level of Copyright Protection [J]. Information Economics and Policy, 2002, 14 (3): 327: 348.

[247] PRAHALAD C K, HAMEL G. The Core Competence of the Corporation [J]. Harvard Business Review, 1990.

[248] RICHARDSON G B. The Organization of Industry [J]. Economic Journal, 1972.

[249] TEECE D, PISANO G, SHUEN A. Dynamic Capabilities and Strategic Management [J]. Strategic Management Journal, 1997.

[250] ANDERSON H. The Economics of Intellectual Property [D]. Working Paper, Bureau of Industry Economics, Canberra, 1995: 104.

# 后　记

从少年不识愁滋味，到花树怒放笑春风，再到如今清风歌台听细雨，从不曾对“人生几度秋凉”加以感叹。昨夜西风，窗棂作响，伴随着最后一个句号的落下，不知不觉间，在编辑职业道路上已是行走了整整十个寒暑。一路走来，有磨炼，有收获，有汗水，有欢笑，在化茧成蝶的蜕变中经历着成长的艰辛与喜悦，体会着人情的丰富与温暖。有太多的人需要感谢，有太多的事需要思量。可在心灵深处，有一点，无论境遇，无论人际，无论身处何时、何地，永远执着，永远坚守，永不改变，那就是对知识的敬畏、渴望与热爱。不断求知，自然而然，阅读成为了一种生活方式，书籍成为了一种生活必需，写作成为了一种生活态度。但是，在个体阅读扩展至社会阅读，个体表达接入到公众文化之前，成为一个真正意义上负责任、有担当的“读书人”，还需经历一段漫长的岁月。

在此，感谢我的硕士研究生导师周清杰教授，没有他和师母陈茹梅研究员的支持和鼓励，本书难以完成。

感谢我的博士研究生导师吴汉洪教授。恩师深厚的理论功底，对经济学前沿的透彻把握，国际化的视野，精湛的学术造诣，勤奋刻苦的治学态度和传道授业的师德风范，深深影响了我，使我终身受益。

感谢中国社会科学院李扬教授与胡滨研究员，感谢他们在金融领域对我的指导与帮助。

感谢我的师兄马旭东教授，他深厚的经济理论功底和以学术为生命的治学态度，一直是我努力的目标。

感谢中国金融出版社的领导和同事们。感谢王海晔主任对我工作的指导、信任和支持。感谢黄海清主任对本书稿提出的中肯修改建议及对本书出版的大力支持。感谢白子彤、童祎薇、李俊英、金培诸同事为本书顺利出版所做的努力。

感谢我的家人，他们的支持和鼓励，一直是我最坚实的依靠，也是我继续向前不懈努力的动力。

通往书山的路是世上最崎岖的心路，保持“勤”的态度是必须的，但更重要的是，要在有限的时间、精力、金钱限度内，选择好书读，在一定成本限制条件下最大化对知识的接入。而一本专著之所以称得上“好书”，在于其呼应国际形势，关切国家战略，关注民生所虑；在于其思想深刻，逻辑简明，文辞优美；在于其富有寰球视野，采用科学方法，解决国民问题。编辑此一职业，其使命正是将好书从茫茫书海中挖掘甄选出来，并尽力推广之，缓解学海苦苦求索学人之艰辛，同时使好书的创造者——“读书人”的社会价值得以最终实现。编辑，就是书海中的造桥人，利在当代，功在千秋。

最后，希冀本书能抛砖引玉，对书海造桥人——编辑同仁们有所助益，亦期望能为知识型企业的相关从业人员提供些许参考。由于本人水平有限，本书难免有许多错漏和不足之处，恳请读者诸君批评指正，不吝赐教。